乡贤文化丛书

乡贤文化丛书

正谊明道范后世

——『第一清官』张伯行

卫绍生 廉朴 主编
李留文 著

中原出版传媒集团
中原传媒股份公司
大象出版社
·郑州·

图书在版编目（CIP）数据

正谊明道范后世 ："第一清官" 张伯行 / 卫绍生，廉朴主编；李留文著. — 郑州 ：大象出版社，2022. 11
（乡贤文化丛书. 第二辑）
ISBN 978-7-5711-0845-8

Ⅰ. ①正… Ⅱ. ①卫… ②廉… ③李… Ⅲ. ①张伯行-生平事迹 Ⅳ. ①K827=49

中国版本图书馆 CIP 数据核字（2020）第 240461 号

乡贤文化丛书
卫绍生 廉朴 主编
ZHENGYI MINGDAO FAN HOUSHI
正谊明道范后世
——"第一清官"张伯行
李留文 著

出 版 人 汪林中
总 策 划 郑强胜
责任编辑 方 敏
责任校对 安德华
装帧设计 王莉娟

出版发行 大象出版社（郑州市郑东新区祥盛街 27 号 邮政编码 450016）
发行科 0371-63863551 总编室 0371-65597936
网 址 www.daxiang.cn
印 刷 河南瑞之光印刷股份有限公司
经 销 各地新华书店经销
开 本 720 mm×1020 mm 1/16
印 张 9.5
字 数 119 千字
版 次 2022 年 11 月第 1 版 2022 年 11 月第 1 次印刷
定 价 28.00 元

印厂地址 武陟县产业集聚区东区（詹店镇）泰安路与昌平路交叉口
邮政编码 454950 电话 0371-63956290

总序

“乡贤”，这一古老的称呼已经淡出人们的视野很久了。

党的十八大以来，乡贤重新进入人们的视野，成为人们热议的话题。中共中央、国务院2015年颁布的《关于加大改革创新力度加快农业现代化建设的若干意见》中明确指出，要“创新乡贤文化，弘扬善行义举，以乡情乡愁为纽带吸引和凝聚各方人士支持家乡建设，传承乡村文明”。在中共中央、国务院的文件里提到乡贤和乡贤文化，这应该是首次，它表明作为中国优秀传统文化重要组成部分的乡贤文化，既是传承乡村文明的重要内容，也是新时期农村文化建设的重要内容。但是，由于乡贤和乡贤文化淡出人们视线已久，在这一概念重新被提出来的时候，许多人并不明白什么是乡贤，什么是乡贤文化，更不知道如何传承和弘扬乡贤文化。鉴于此，有必要对乡贤称谓、乡贤之说的起源、乡贤对中国乡村的作用与意义、乡贤文化包含哪些内容等，作简要回答。

何谓乡贤？按照通常的解释，乡贤是指那些道德品行高尚同时又对乡村建设有过贡献的人。这里包含两个层面的意思：一是道德品行高尚，二是对家乡建设作出过贡献。但如果仅仅是道德品行高尚，满足于个人修身齐家、独善己身、洁身自好，很少关心乡里乡亲，很少对乡梓作出过贡献，那么，这样的人只能称为乡隐，而不能称为乡贤。乡贤既应是道德为人敬仰、行为堪称模范的人，更应是为家乡作出过一定贡献的人。不论是教书育人、传承文化、制定乡约、调解邻里矛盾，还是乐善好施、修桥铺路、接济乡人，举凡一切有益于乡里乡亲的事情，他们总是满腔热情，乐做善为。对乡村建设的贡献，是乡贤的必备条件。如果对家乡父老没有什么贡献可言，何以成为乡贤？看一看汉魏六朝出现的一些记述各地乡贤的著作，如《汝南先贤传》《陈留耆旧传》《襄阳耆旧记》《鲁国先贤传》《楚国先贤传》等，其中记载的各地乡贤，不仅在道德、学问、修养、名望等方面为人称颂，成为时人敬仰的楷模，而且都是对家乡作出过贡献的人。他们能入各种乡贤传，绝非浪得虚名。

乡贤之说起源于何时？乡贤很早就存在于中国的乡村，但乡贤之说却是在东汉中后期才逐渐流行起来的。东汉中后期，随着一些世家大族的崛起，各个郡国都热衷于撰写乡贤传记，表彰那些曾经为当地经济、社会、文化发展作出过贡献的贤人雅士。东汉以后，世家大族成为维持中国乡村社会稳定的重要力量，涌现出许多被后人称为乡贤的人物，他们对当时的社会，乃至对中国历史文化都产生了重要影响。作为乡村精英的乡贤，在乡村治理、乡村教育等方面可补政府治理之不足，发挥了政府无法起到的重要作用。一些人看到了乡贤对社会发展的积极作用，把所属郡国那些有影响的人物事迹记录下来，于是出现了所谓的“郡书”。唐代史学家刘知幾在谈到这类著作时说：“郡书者，矜其乡贤，美其邦族，施于本国，颇得流行；置于他方，罕闻爱异。其有如常璩之详审，刘昞之该博，而能传诸不朽、见美来裔者，盖无几焉。”（刘知幾：《史通》卷十《内篇·杂述》）刘知幾是较早关注到乡贤类著作的史学家，他认为，乡贤类著作都是“矜其乡贤，美其邦族”，因而在当地比较流行，而到了其他地方，知道的人就很少了。在谈到东汉史书繁盛的原因时，刘知幾再次提到了乡贤：“降及东京，作者弥众。至如名邦大都，地富才良，高门甲族，代多髦俊。邑老乡贤，竞为别录。家牒宗谱，各成私传。于是笔削所采，闻见益多。此中兴之史，所以又广于《前汉》也。”（刘知幾：《史通》卷九《内篇·烦省》）刘知幾虽然没有对乡贤作出解释，但他把“邑老乡贤”与“高门甲族”相提并论，表明他已经把“邑老乡贤”与“高门甲族”放在同一个层级上，充分肯定了“邑老乡贤”的历史地位与作用。

乡贤对中国乡村有怎样的作用与意义呢？乡贤在乡村建设中的作用是多方面的。他们不仅热衷于乡村治理和乡村教育，而且乐善好施、造福乡里。乡贤一般都是受过良好教育的人，他们是乡里有知识、有影响的人物，经济实力往往要比一般村民好一些。他们有能力也有意愿造福桑梓，所以常常在乡村建设上主动作为，只要是力所能及，他们一般不会推辞。在乡村治理方面，乡贤往往身兼管理者、参与者、协调者等多重角色，必要的时候，他们也可以发挥上情下达或下情上传的作用，成为联系乡亲和政府的桥梁与纽带。在调解邻里冲突和乡人矛盾上，他们不会以势压人，而是以理服人，注重多方协调和沟通，注重平衡各方利益。所以，在乡村治理方面，乡贤是农耕文明时期中国乡村社会稳定的重要因素。

在乡村教育方面，乡贤的作用更是不可小觑。乡贤大多是饱读诗书之人，他们深知文化知识对于人们的生存、生活、成长和发展至关重要，所以他们非常重视教育，尤其重视启蒙教育和家庭教育。他们中的许多人自觉地担负起教育自家子弟和乡里子弟的重任，有不少人开私塾，并兼任私塾先生。虽然有的人也接受一些“束脩”，但总体来说，义务教书的情况较为常见。他们是乡村的“先生”，是传授文化知识的人，是教人向善的人。在善行义举方面，乡贤更是乐善好施的代名词。他们愿意帮助别人，勇于助困济人，乐于接济生活困难的乡亲。如东汉末年颍川郡著名乡贤陈寔，道德高尚，知书达理，处事公正，待人公平，为乡里所推重。乡里发生了纠纷，人们不去求官府，而是去找陈寔，请求他明断是非。只要是陈寔评的理、判的是非曲直，人们都欣然接受，没有什么怨言，以至于乡人都说：“宁为刑罚所加，不为陈君所短。”陈寔还乐善好施，遇上灾年的时候，乡亲们缺吃少穿，他就接济他们。大灾之年，陈寔的善举不仅挽救了那些一时糊涂的人，而且教化了乡党，纯洁了世风。当然，更多的乡贤是靠他们的智慧和财富造福乡里，为乡亲做好事，譬如常见的修桥铺路、接济穷困等助人为乐之事。在乡村治理结构尚不完备的中国传统社会，乡贤在文化教育、乡村治理、乡村建设等方面，都起到了政府所起不到的作用。他们是中国传统乡村超稳定结构的基石，也是推动乡村发展的动力。

对于乡贤，我们应该历史地来看，既要看到他们在乡村文化教育、乡村治理、乡村建设等方面的积极作用，也要看到他们对中国传统乡村超稳定结构的固化作用。乡村是农业社会的基础，也是各级政权的基础。但是，在中国传统社会，权力不下郡县，县级政权成为封建社会的基层政权，县令或县长通常都是七品官甚至是从七品官，县丞、县尉的级别就更低了。国家行政机构设置到县级，县以下是乡和里。乡和里的治理则借重民间力量，乡长和里长大多是由当地德高望重的长者或望族的族长担任，他们没有官位，不吃皇粮，不领俸禄，只是负责维持当地的秩序，帮助地方政府做一些诸如征收税赋、摊派徭役、管理户籍、教化民众之类的事情。但在乡村治理及文化教育等方面，乡长、里长则常常要借重乡贤的力量，因为乡贤有文化、有见识、有影响力，甚至还有财力。当乡贤与乡里管理者相向而行、勠力同心的时候，乡里就会稳定，乡村治理就比较顺畅。这个时候，乡贤的作用就得到了充分发挥。乡贤在某种意义上成了乡村治理的标杆，成为乡人敬仰和追慕的对象。但是，由于乡贤所受的教育不同，他们的理想、信念、追求也各有差异，因此，他们中的许多人不愿意与当权者同流合污，更看不惯权豪势要欺辱压榨百姓，往往是特立独行者和孤独求道者，但他们依然坚持用自己的方式服务乡里，造福百姓。如许劭主持汝南“月旦评”，大力奖掖和提携汝南才俊，评点天下名士，成为汉末继郭泰之后的清议领袖。他不应朝廷征辟，谢绝高官厚禄，以“局外人”的身份品评人物，客观公正，令人信服。又如吃尽文盲苦头的武训，穷且益坚，不坠青云之志，行乞办学，创办崇贤义塾，让那些读不起书的孩子进学堂读书，更让人肃然起敬。再如晚清职业慈善家余治，一生清贫，却四处呐喊，奔走于大江南北，劝人行善，宣传忠孝节义，成立各种慈善机构，移风易俗，救济孤贫，而且创立戏班，编写剧本，以戏曲劝善，被人誉为“江南大善人”。他们以各自的方式感染着世人，固化着中国乡村的超稳定结构，使中国乡村这个自秦汉以来政府行政权力鞭长莫及之地，成为乡绅乡贤的表演舞台。在当代作家陈忠实的长篇小说《白鹿原》中，从白嘉轩、鹿子霖和冷先生等人物身上，读者依稀看到了久违的乡贤形象，所以有评论者指出，《白鹿原》就是在寻找失去的乡贤。这样的评论虽然不无偏颇，却也道出了小说的文化追求。

乡贤是乡贤文化的创造者和实践者，从他们身上，人们可以看到传统乡贤文化在乡村建设、乡村治理、文化教育、乡土认同等方面发挥的重要作用。所以，从中国古代一直到近现代，许多乡村都建有乡贤祠，用以供奉和祭奠那些为乡村建设作出贡献的乡贤们，展示各地不同的乡贤文化。

乡贤文化是由乡贤及其乡人共同创造的，是中华优秀传统文化的重要组成部分。它作为一种文化形态，对中国古代的乡村治理，对家国文化的认同，对乡村社会的维系，对农业文明的传承，对宗族文化的延续，对乡村文明的弘扬，都具有重要的文化价值。在传承发展中华优秀传统文化的当下，创新乡贤文化，就应在进一步明确乡贤文化的历史文化价值与当代意义的前提下，深入发掘乡贤文化的内在价值和积极作用。具体来讲，就是要注重发掘乡贤文化对家国认同、乡村治理、乡村教育、乡村建设、乡村文明传承等方面的深层文化内涵，通过一个个乡贤人物，阐释乡贤文化的重要价值，梳理乡贤文化的积极意义，探索乡贤文化的传承创新路径。譬如家国认同，首先是基于对家族和家乡的认同。乡贤作为当地的贤者，不仅具有很强的凝聚力，而且还常常让乡党引以为豪，人们不论处于多么遥远的地方，只要说起共有的乡贤，就会立即引起强烈的共鸣，自然而然地拉近了人们之间的情感距离，从而形成对家族和家乡的认同。从这个意义上说，乡贤是家乡认同的标志性人物，也是促进家国认同的情感纽带。

乡贤文化对传承发展乡村文明，对当代乡村文化建设，对提升文化自觉、树立文化自信，对实现中华民族伟大复兴的中国梦，都具有积极意义。在大力弘扬传承发展中华优秀传统文化的当下，挖掘乡贤文化的丰富内涵，梳理乡贤文化的历史脉络，发掘乡贤文化的价值意义，进而创新乡贤文化，建设新乡贤文化，是传承发展中华优秀传统文化的内在要求，是提升文化自觉、树立文化自信的内在要求，也是实现中华民族伟大复兴的中国梦的内在要求。

为此，我们组织编纂了这套“乡贤文化丛书”，把自东汉以来的历代乡贤进行梳理，系统展示乡贤、乡贤文化的历史风貌和文化价值，以期让广大读者对优秀传统文化中的乡贤和乡贤文化有更多的了解，对乡贤文化的历史作用和当代价值有更多的认知，共同为创新乡贤文化、建设新乡贤文化作出应有的贡献。

本辑为“乡贤文化丛书”第二辑，我们精选了8位在中国历史上有一定影响的各地乡贤，他们不论在教书育人、修身齐家，还是在乡村治理、乡村建设、慈善赈济，甚或是民族工业等方面均作出了一定贡献，成为人们传颂的典范楷模。在本辑编写过程中，每位作者均对自己承担的人物有一定研究，但因作者较多，行文风格各异，难免会出现一些不尽如人意之处，不妥之处，尚祈读者批评。

卫绍生　廉　朴

2022年5月20日

目　录

引子

如果有人把张伯行与左宗棠相提并论，你可能会感觉奇怪。他们两人一个生活于前清，一个生活于晚清；一个出生在中原，一个成长在湖湘；一个是“闻名于世的清官”，一个是晚清中兴名臣；一个是理学家，一个是事功派。二人又是如何能够联系起来的呢？

殊不知，左宗棠深受张伯行的影响。张伯行是一位理学家，他在地方巡抚任上曾经搜集并大量刊刻程朱理学的著作，取董仲舒“正其谊不谋其利，明其道不计其功”之意，用“正谊”来命名。左宗棠早年在私塾中就见到过少量的正谊堂刻本，21岁时，他在朋友周裕梓书房里又见到正谊堂所刊理学书籍十多种，欣喜异常，如饥似渴地阅读，并把其中陆陇其的《读朱随笔》等著作逐字逐句地抄录、记诵。正谊堂丛书有五十多种，卷帙浩繁，左宗棠当时所读到的只是很少的一部分，在以后的军旅生涯中，所到之处，留心寻访，有所得辄视为珍宝，涵泳其间，不知不觉中潜移默化。张伯行学宗程、朱，左宗棠亦步亦趋；张伯行号敬庵，左宗棠把“涵养须用敬”作为座右铭；张伯行以“正谊堂”命名书斋，左宗棠崇尚正谊明道之学；张伯行重视童蒙教育，左宗棠以朱熹《小学》为基本教材教养幼童；张伯行搜集并刊刻诸葛亮、陆贽等人文集，不尚空言，倡导事功，左宗棠自比诸葛亮，以经世致用为务。左宗棠一生事功勋业彪炳史册，其根基的夯筑者张伯行与之有功焉。

清同治五年（1866），左宗棠调任福州，入驻闽浙总督府。夜深人静，他在书房中来回踱着步，谋划着闽、浙两省战后的重建。在书桌旁，他随手拿起一卷书，“不佞躬膺简命，来抚斯邦，夙兴夜寐，惟思以广教化为先务。自郡邑弟子员，莫不亲加考课，申严规程，端厥趋向，庶咸蒸蒸向风矣……”[①]张伯行《正谊堂文集》中《鳌峰书院记》的文字映入了眼帘。他放下书卷，一股悠悠怀古的思绪涌上心头。一百五十多年前，张伯行巡抚福建，也是在这座福州城内，兴办书院，教化百姓，其音容不可得见，其精神跃然纸上。很快，左宗棠拟定了以养士劝学、治匪安民、练兵遣勇、教种桑棉、积储备荒为主要内容的五条施政纲领。

要养士劝学，必须为士人提供经典作品。左宗棠服膺张伯行的学问，也一直在留心搜集他所编订的《正谊堂全书》，现在他决定把这部丛书重新刊刻，分发给两省士人诵读。为此，他迅速成立正谊书局，由司道衙门筹款，征聘博学才俊以襄其事。一时间两省一百多名举人、贡生齐集书局，一边搜集民间遗书，一边酌定章程，校勘编辑。工作未半，左宗棠调任陕甘总督，临行之时，他为书局撰写了一副对联——青眼高歌，异日应多天下士；华阴回首，当年共读古人书，以表达自己的殷殷期待。左宗棠离开后，继任总督吴棠、英桂以及主持福州船政局的沈葆桢继续督办全书的编校工作，于同治八年（1869）完工，共编校刊刻先贤书籍六十三种，嘉惠后学。这个书局随后被改造为正谊书院，把养士劝学的事业延续下去。

张伯行和他编著的《正谊堂全书》哺育了左宗棠等一代代的学人。世人多知道张伯行是清官，殊不知他对于理学思想的传播、对于士人精神的培育也居功甚伟。如此重要的乡贤人物，他有着怎样的人生经历？有着怎样的人格魅力？让我们一起走近张伯行，去感知这位古圣先贤。

---

① 张伯行：《正谊堂文集》卷九《鳌峰书院记》，《丛书集成初编》，上海：商务印书馆，1936，第111页。

张伯行，字孝先，河南仪封人，康熙二十四年（1685）进士，清代著名的理学家，官至礼部尚书。一生为学笃信程、朱，勤学不倦；一生为官恪尽职守，廉洁自处，在险恶的官场中他刚正不阿，不畏强暴，同位高权重的两江总督噶礼相互参奏，剑拔弩张，无所畏惧，最后战胜了阴险狡诈、党羽众多的噶礼。他是清代官场的传奇式人物，被康熙皇帝称为“天下清官第一”，成为后世官员学习的典范。

父祖代代皆青衿

顺治八年（1651）十二月初五日，张伯行出生在河南仪封，一个黄河岸边的小县城里。

仪封县今已不存，县治在今天兰考县的仪封镇，东距开封市六十公里。仪封之得名，源自《论语》，与孔子有关。据《论语·八佾》：“仪封人请见，曰：‘君子之至于斯也，吾未尝不得见也。’从者见之。出曰：‘二三子，何患于丧乎？天下之无道也久矣，天将以夫子为木铎。’”当时，仪地属于卫国，在其南部边境地区，这个仪封人是仪地管理边界的下级官员。木铎是一种铃铛，周天子派出的官员摇动木铎，召集民众，宣讲王道。仪封人的意思是说，在那个礼崩乐坏的年代，上天以孔子为先知，宣讲王道，重整礼乐秩序。这是对孔子很高的评价。因为儒学的独尊地位和孔子至圣先师的光环，所以当地人把《论语》中的这段记载作为珍贵的文化资源而不断讲述。金代设仪封县，和临封的兰阳县一起取代了以前的浚仪、东明、东昏等县。至清代道光初年，仪封和兰阳合并为兰仪县，末代皇帝溥仪即位，为避讳皇帝名字，兰仪县更名为兰封县。中华人民共和国成立后，1954年，兰封县与考城县合并，为兰考县。

自宋金时期黄河改道，东南夺淮入海，仪封一带即成为黄河泛滥肆虐之地。今兰考地界内任一个地方，可能都是黄河曾经的故道，境内地名，如铜瓦厢、黄陵岗、李景高口等，都因曾经是黄河险工而在治黄史上赫赫有名。正因为黄河的泛滥，仪封境内弥望的都是黄河水过境后留下的低缓沙丘和河床，还有大片的盐碱地。中华人民共和国成立后，我们从焦裕禄带领兰考人民所进行的治沙事业可以想见黄河曾经给这里带来的恶劣生态环境。但黄河带来的并非都是灾难，它也给这里带来了肥沃的土壤和充足的水源，与沙丘相间的，也有肥沃的农田。正是沙丘间肥沃的农田成就了明清时期仪封城内张氏这个富裕的大户。

按照仪封张氏的说法，张氏远祖世居河南上蔡，明洪武年间（1368—1398），始祖彦宝公出任仪封县儒学训导，解组后落户仪封，遂为仪封人。虽然彦宝公只是一个低级官吏，但他为后代奠定了诗书传统，这是张家最宝贵的传统。这里是仪封人请见孔子故事的发生地，是孔子过化之处，后世极为重视这样的文化资源。明清时期仪封有封人庙、请见亭，有孔子饮水的琉璃井，井旁还曾经建有书院。有始祖奠定的诗书传统，有当地浓厚的儒学氛围，张氏历代诗书传家，诵读不辍。据地方志的记载，张伯行的曾祖父张自新和祖父张醇都是邑庠生，张伯行的父亲东冈公张岩“少即能文，有声庠序”，是国子监的监生，又通过捐纳获得考授州同知的虚职。

明清时期，士人一旦告别童生，跻身生员行列，就具有了绅士的身份，可以获得官方的礼遇，如不用再像平民百姓那样见到官长就要下跪，也不受官府笞责捶楚。洪武初年，明太祖为了提高儒学地位，推行教化，开始为生员提供生活费用的资助，每月一石，一年十二石，遇到闰月再加一石，谓之廪膳。后来县学名额增加，新增的生员称增广生，原来享有生活费补助的生员称廪膳生。除此之外，生员还享有朝廷规定的赋役优免，除免除生员本人的差役外，还可以优免家中两个成年男子的丁役。古代称未成年人为“黄”，所谓黄口小儿就是这个意思，称六十岁以上的人为老，黄、老都不再承担差役。一个五六口人之家的成年男子不过两三个人，按照朝廷规定，生员之家免去生员本人和另外两个男丁的差役，也就是免除了整个家庭的差役。要知道，明清时期，尤其是雍正朝摊丁入亩之前，百姓最重的负担不是赋税，而是差役，因为差役没有边界，地方官可以随意摊派，老百姓往往苦不堪言，倾家荡产。到嘉靖二十四年（1545），朝廷又规定了各品级官员及生员的田赋优免，一名生员每年可以免除二石田赋，这对生员之家又是极大的利好。

仪封张氏自彦宝公入籍仪封，就不是一般的平民家庭，历代又多生员，所以逐渐积累了大量的财富。到张伯行父亲张岩这一代，据《张清恪公年谱》介绍，张家已拥有良田一百多顷。张家的富有从《仪封县志·人物志》也可以看出来。万历二十一年（1593），豫东连降暴雨，一片汪洋，庄稼大面积绝收，饿殍遍野。张伯行的曾祖父张自新捐谷三十石，在沈兴集设立粥厂，为饥荒中的乡民提供食物，前后持续一个月之久，使很多人免于死亡，上官赠送“泽及穷黎”的匾额以示表彰。后来，仪封县修筑城垣，张伯行的祖父张醇被委以重任，董理修筑事务。这实际上是知县在借助张家的财力以补官款之不足，张醇没有推辞，捐资为修城民工提供膳食，并犒之以酒肉。张伯行父亲张岩恪承父祖朴厚之风，周济乡邻，街坊邻居借贷有不能偿还的，他就焚烧债券，免除债务。崇祯三年（1630），仪封一带又发生严重饥荒，张岩再设粥厂，赈济饥民，同时协助官府搜寻野外暴露的尸骨，出资加以掩埋。张氏父子的善行在当地赢得了良好的口碑和普遍的尊重，使他们成为一乡之望，在县里举行诸如乡饮酒礼如此重大礼仪时，张氏父子往往充任赞礼的大宾。

诗书传统的延续也逐渐形成了张家忠孝仁厚的家风。张自新“至性仁慈，事亲生尽礼、死尽哀”[①]。他远门的一位堂兄家境贫寒，早早就故去，不久儿子又病故，家中剩下一个年幼的孩子张可学孤苦伶仃，无人照管。他就把这个孩子接到家中，视为自己的孙子，不仅将这个孩子抚育长大，还把他送到私塾中读书识字，接受教育。仪封知县孙文龙以“孝友”二字表彰他的仁厚友爱。张伯行父亲张岩侍母至孝。崇祯十三年（1640），明末起义军来袭，仪封城墙单薄低矮，守军疲弱，一时间人心惶惶，很多富户都携带家眷远避他乡。张岩母亲卧病在床，不堪车马颠簸，他决定留下侍奉母亲。城陷之日，起义军冲进了张家，有人把刀架在了他的脖子上。张岩一边哭一边说，你们要杀就杀我吧，求你们别吓着我的老母亲。人生在世，谁没有母亲？此人闻听此言，肃然起敬，收起刀，转身走了。张岩的仁孝在当地传为美谈。

张伯行就是出生在这样一个诗书传家的富厚之家，作为家中的独子，这样忠孝仁厚的家风对张伯行的一生产生了重大影响。

苦攻读鱼跃龙门

同当时官绅之家的孩子一样，七岁那年，张伯行开始进入私塾接受正

① 纪黄中：民国《仪封县志》卷十《人物志》，1935，铅印本，第37页。

规的儒学教育，启蒙老师是本县的县学生员秦明弼。张伯行聪颖睿智，又刻苦努力，深得秦先生的喜欢，再加上张家家业富厚，广有田产，世代诗书传家，这位秦先生就托人向张家提亲，把自己的外甥女许配给张伯行。张岩老太翁一打听，秦先生的外甥女是王家的闺女，王廷相的直系玄孙女，聪明伶俐，相貌出众，大为欢喜，当即允诺，与王家结下秦晋之好。这王廷相可不是一般的人物，乃是明代仪封响当当的人物，进士出身，官至太子太保、兵部尚书，为官廉洁，学识渊博，思想犀利，是著名的理学大家，深受乡邦后人的尊敬和爱戴。

张伯行随秦明弼先生学习，简单的识字教育之后，即进入“四书”“五经”的学习。这些经典是科举考试的根基，需要反复诵读，烂熟于心。每背完一部经典，谓之“包本”，然后诵读下一部经典，如此读完“四书”“五经”，一般需要数年工夫。张伯行从七岁入塾读书，大约用六年时间，基本完成了“四书”“五经”基础性的诵读。

十三岁那年，张伯行开始学习写作八股文。明清时期的科举考试一般考三场，第一场考书义和经义，分别从“四书”和“五经”中抽出一句话，让考生写一篇长约700字左右的文章，阐明这句话的意思，也就是我们常说的八股文写作；第二场考司法案件的判语和诏、诰等官文写作；第三场考时务策，就一些现实问题进行分析，提出解决方案。三场考试中第一场八股文的写作最为重要，是决定士子能否金榜题名的关键，所以人们格外重视。八股文又称时文，有严格的格式要求，由破题、承题、起讲、入题、起股、中股、后股、束股八个部分组成，各部分以“今夫”“然而”“若使”“苟其然”开头，并与结尾的“而已矣”“也乎哉”等虚词相关联，形成一个结构严谨的逻辑系统。然而，由于在内容上考生不能自由发挥，必须严格按照朱熹的注解鹦鹉学舌，格式又如此受条框束缚，所以当年考生写出的八股文空洞无物，不堪卒读。然而，那是功名利禄的敲门砖，又是士子们必须做好的功课。

虽然张伯行的时文在同学中属于佼佼者，但他的爷爷张醇看了之后并不满意，批评他的作文内容空疏，语言干瘪，并教导他去诵读唐宋八大家的散文。张伯行是肯下苦功夫的人，在祖父的指导下，他苦读先秦及唐宋散文，并把所学融入时文的写作中。广泛的阅读和大量的背诵使他文思泉涌，文采斐然。而且，他相信精美的玉器需要反复的雕琢，上乘的文章也同样需要反复的修改。他常说："文愈改愈佳。"所以每写成一篇习作，他都要反复诵读，稍有不满意就加以改动，满纸都是密密麻麻改动的痕迹，然后他重新誊录，请师友审视，提出意见，再做修改，直到满意为止。如此，他长期笔耕不辍，日积月累，写成"四书"文数千篇，《诗经》文四百多篇。其刻苦勤奋可见一斑。

尽管如此，张伯行考取生员的过程并不顺利。按照规定，捐纳的不计外，县学生员名额一般为30人，随着文化知识的普及和读书人的增多，进学的难度也越来越大。生员资格的取得需要通过三场考试。第一场由知县主持，称县考，通过的考生参加知府主持的府考，府考通过的考生再参加在府里举行的由各省学政主持的"院考"。院考通过了，才正式成为生员（俗称秀才），从而具备了到省里参加乡试的资格。从七岁入学读书，到二十五岁成为秀才，这一过程张伯行整整花了十八年的时间。其间，他曾辗转就学于兰阳县、柘城县，拜访师友，切磋时文，殊为不易。

张伯行进学获得参加乡试资格的这一年是康熙十四年（1675），但因其获得县学生员资格之时，开封乡试已经揭榜，他无缘当年乡试。这虽有小小遗憾，但更激发了他准备赴汴参加乡试的渴望和冲动。明清时期的乡试是各省选拔举人的考试，由中央朝廷向各省派出正副考官来主持，每三年举行一次，每逢子、卯、午、酉年的八月举行，故而又称为秋闱。张伯行没能赶上乙卯年的乡试，等到戊午年，即康熙十七年（1678），张伯行第一次踏上了赴开封参加乡试的征程，他的内心既饱含期待，又充满忐忑。经过三年的努力，张伯行的文章功力已今非昔比，有了很大的长进。有一次，督学大人到仪封县批阅生员时文，对他的文章大加赞赏，挥毫写下“昌明博大”四字批语，张伯行也因此由增广生员被提拔为廪膳生员。八月初九日考试开始，连续三场，每场三天时间，考完之后，张伯行在忐忑中静候佳音。然而，现实是残酷的，名额有限，竞争太激烈，这次他名落孙山。无奈之下，张伯行收拾行囊，回到家乡。但他并没有灰心，调整心情之后，他又燃起了新的希望，以更加饱满的精神状态准备下一场的乡试。

康熙二十年（1681）是辛酉年，又是一个大比之年，张伯行再次来到开封的贡院。这次，他中举成为主考官施润章的门生。

当年腊月，顾不上在家里过春节，张伯行就踏上了北上京师参加会试的行程。按照规制，每次乡试的第二年，由礼部主持的会试在北京举行。会试也同样是三年一次，每逢丑、辰、未、戌年举行，形式与乡试相近，也是连考三场，每场三天，从二月初九日持续到当月的十七日。因为都是在春天二月举行，也称为春闱。这是选拔进士的考试，是科举最高层级的考试，历来最受重视。这次会试，张伯行落榜了。他回到仪封老家，继续刻苦攻读。

康熙二十四年（1685）是农历乙丑年，又是一个大比之年，三十五岁的张伯行第二次赴京参加会试。这一次，张家迎来了辉煌时刻，张伯行金榜题名。该榜礼部考官是通州张士甄、娄县王鸿绪等人。紧接着是参加皇帝主持的殿试，考试地点在紫禁城，考试只有策问一场，以当时重大社会问题为题，让考生发表意见，提出解决方案。因为是皇帝亲自主持，所以所有的进士都被称为天子门生。根据殿试成绩再分出三六九等，一甲3名，进士及第，第一名为状元，第二名叫榜眼，第三名称探花；二甲若干名，赐进士出身；三甲若干人，赐同进士出身。康熙二十四年殿试，一甲进士及第3名，二甲赐进士出身40名，三甲赐同进士出身121名，张伯行名列三甲八十名，赐同进士出身。[①]殿试名次靠前的有机会进入翰林院继续学习，名曰庶吉士。庶吉士学习三年，散馆授官。明清时期重科举、重翰林，殿试名次靠前的进士经过翰林院庶吉士的学习，往往会有更好的政治前途。应该说，张伯行殿试的名次并不靠前，也就无缘庶吉士之选，考完之后，叩谢皇恩，打道回府，听候朝廷任用。

从7岁入塾读书，到35岁考中进士，经过28年青灯黄卷的刻苦攻读，张伯行如愿以偿，金榜题名。在通往成功的道路上，除了他的父祖，对他影响最大的有两个人，一个是他的塾师李文实，一个是仪封知县倪长犀。关于李文实，我们知之甚少，只知道他是邑庠生。因为地方志中没有他的小传，我们甚至不知道他的名字，“文实”应该是他的号。张伯行从9岁开始从李文实先生学，《张清恪公年谱》记载：“先生邑禀生，人品端方，学问充裕，公敬事之历二十余年如一日。”[②]也就是说一直到他31岁中举，二十多年，张伯行都师事之。李先生端方的人品、充裕的学问对张伯行性格的形成应该也产生了很大的影响。仪封知县倪长犀则是张伯行的伯乐。倪长犀是江南赣榆人，进士出身，由翰林院改授仪封知县。此人非常重视人才的培养，当时二十三岁的张伯行还没有进学，无缘生员之列，在仪封一所义塾读书。一天，倪知县来到义塾，浏览学生习文，突然眼睛一亮，被张伯行的文采所吸引。当即对塾师说：“这是大成之器，非你所及也！你把他喊过来，我见见。”倪知县让张伯行当面作文一篇，浏

① 这一信息来自朱保炯、谢沛霖《明清进士题名碑录索引》（上海古籍出版社1980年）和张师栻、张师载《张清恪公年谱》。

② 张师栻、张师载：《张清恪公年谱》卷上，《续修四库全书》，第554册，上海：上海古籍出版社，2002，第392页。

览文章后，知县大喜，立即命令张伯行执弟子礼，拜他为师。之后，倪知县公务之余，亲自教授张伯行读书为文，张伯行受到了极大的鼓舞。在知县大人的亲自指导下，张伯行的文章功力又大大进步了。后来，这位倪知县英年早逝，死于筑阳县（古县名，在湖北）任所，他为官清正，家人无以为养。张伯行知恩图报，感谢倪知县的知遇之恩，后来常常“输粟以赡其后人”。

初入仕途多偃蹇

在成进士后，张伯行等待了七年之久，才被授予从七品的内阁中书科撰文中书。

明清时期新科进士授官没有一个确定的时间，在朝廷急需人才时殿试之后很快就可以授官，但在仕途拥塞、实缺稀少之时则需要等待数年之久才可以授官。张伯行从康熙二十四年(1685)成进士，到康熙三十一年(1692)出任内阁撰文中书，等待了七年之久。但对于张伯行来说，这七年不是焦灼的等待，更不是虚度，而是不断地学习，是学术上化蛹成蝶的蜕变过程。这七年对他的一生产生了重大影响。

在殿试后康熙皇帝召见新科进士时，曾经告诫他们“回家依旧读书，不可荒废学业”。张伯行回到家乡之后，就在县城南门外修建了一个小院落，盖起几间房子，青砖蓝瓦，周围栽上榆杨楝槐，种上牡丹玫瑰，整洁清爽，屋内布满书架，置书数千卷，书香弥漫。张伯行每天就在院中读书写作，久而不倦。书房藏书中他最喜欢读的是《近思录》和程朱文集、语录。康熙二十八年（1689）张伯行又从北京报国寺书肆中购得《濂溪先生全集》，喜不自胜，每日浸润其中。当时读书人虽然都是读孔孟之书，但为了猎取功名，都只用心于八股文的学习和写作，很少有人真正去体味文章的思想，张伯行也不例外。在张伯行考中进士后，科举时文的压力顿时消散了，可以自由地悠游于《近思录》以及濂洛关闽著述之中，口诵手抄，他慨然道："此孔孟正传也，入圣门庭尽在此矣。"于是他将自己所有的八股文手稿统统封存起来，再不示人，从此走上了理学的学术道路，这为他一生的学问事功奠定了基础。

说起张伯行的理学转向，就不能不提清初中原地区浓厚的理学氛围。早在明代，中原地区就涌现出曹端、何瑭、薛瑄、王廷相、吕坤、崔铣、吕维祺等一大批理学家，群星璀璨，引领着中原地区思想发展的大方向。清初，由于家乡田产被圈占，容城举人孙奇逢从直隶南下苏门，定居于辉县夏峰村授徒讲学，成为北方一代儒宗，学生遍及北方。在他的影响下，汤斌、耿介、张沐、冉觐祖、窦克勤、李来章相继而起，创建书院，讲授理学。受浓厚理学氛围的熏陶，张伯行在潜移默化中转向理学，直追先贤，与上述七人一起，被尊称为"中州八先生"。

既然已经考取进士，出仕也在必然之中，这自然是张伯行和父亲经常说起的话题。按照朝廷的规制，新科进士出仕大致分为内任和外放两类。所谓内任，就是除授翰林院修撰、编修、检讨、庶吉士，六部主事，内阁中书，鸿胪寺行人，大理寺评事，国子监监丞、博士、助教，太常寺博士；所谓外放，就是除授各地的知州、知县、推官、教授等职，一般都是正七品或从七品的职位。明清时期又规定官员的回避制度，官员不得在本省任知州、知县等主要官职，到何地任职，由吏部掣签决定，外放到福建、两广、云贵等省份也未可知。张伯行是家里的独子，加上父亲年事已高，他自然不愿意远离家乡，到辽远之地任职。所以他决定选择小京官。康熙二十九年（1690）九月，他赴京参加了吏部组织的中书科中书的考试。康熙三十一年（1692）九月，他获得了第一个职务——内阁中书科撰文中书，一年之后，又转授中书科中书舍人。

张伯行天性至孝，进京供职后不久，就把老父亲迎来京师，让老人家也享享清福。张岩老先生自是高兴，想想自己不过是乡间的一个土财主，如今儿子金榜题名，高中进士，光宗耀祖，知县大人也都礼遇有加。如今儿子又来到天子脚下出任朝廷命官，自己也来到京城颐养天年，每想及此，高兴得合不拢嘴。这一天是八月初二日，老先生的寿辰，张伯行的一帮同年、同事齐来举杯祝贺。那可都是朝中官员啊！老先生高兴，逐个答礼，逐个让酒，杖履周旋，终日不倦。人生之乐，不过如此！然而，乐极生悲，送走客人后，老先生就感觉头部有些不舒服，偏头痛，郎中给开了几服药，服用之后也不见好转，只得慢慢将养。又过了两个月，不幸的事情终于发生了，老人家突然摔倒在地，不能言语，手脚也不听使唤。这病用现在的说法就是脑血管疾病。张伯行赶紧请来郎中，郎中看过之后只是摇头，开了几服药。张伯行衣不解带，昼夜侍奉，不离左右。他又带领家人到城隍庙烧香许愿，祷告祈求。无奈老先生气数已尽，天不留人，到腊月初六日，张岩老先生寿终正寝，病逝于京师。

明清规制，父母去世要丁忧三年。张伯行交接工作，办完手续后就扶柩归里，暂时告别了刚刚开始的官宦生活。到康熙三十七年（1698），丁忧期满，张伯行赴京候补新的职位。吏部要重新安排，需要有相应的官缺出来，候补的人多，官缺有限，往往需要很长时间的等待。张伯行于五月份麦收时节到京，夏而秋，秋而冬，一直等到年终，眼看就到年下，吏部依然毫无音讯。他本来经历父亲的丧亡，心情不佳，又经历这么漫长的等待，已经无意功名，于是，告知吏部，回家读书。

守望乡里蕴转机

可能在别人看来，张伯行的绝意仕途是不可思议的事情，但他自有他的追求。

张伯行在清初中原浓厚的理学氛围中成长起来，对于程朱理学有着浓厚的兴趣，入京供职期间，又结识冉觐祖，说程说朱，若痴若狂，学问大进。

冉觐祖，字永光，河南中牟人，康熙二年（1663）中举，名列第一，为河南乡试解元。他的乡试墨卷被书商窃取刊刻，在书肆高价售卖，全省士人争相传阅，这使他声名鹊起。大家都以为他考取进士如囊中取物，然而，很多年之后，他却在科举上并无尺寸之进，仍然只是一个举人而已。其实，他的志向全不在功名，而在于理学。早在中举之前，他就大量购置了《四书大全》、《五经大全》、诸家文集，又借债购买二十一史，日夕浸润在群经史书之中，怡然自得。勤奋攻读的同时，他还笔耕不辍，撰写了《四书详说》《五经详说》《孝经详说》《性理纂要》《正蒙补训》《河图洛书同异考》《天理主敬图》等著作，旁征博引，卷帙浩繁。耿介在登封修复嵩阳书院，聘请他为主讲，附近州县生徒云集，影响很大，成为河南教育史上的盛事。直到康熙三十年（1691），他才考中进士，此时距他中举已有28年的时间了。作为河南士人，张伯行对于冉觐祖久闻大名，高山仰止，只是无缘相见。到康熙三十一年（1692）张伯行除授中书，与冉觐祖同朝为官，才得以拜会，当面请益。两人虽然年龄相差十多岁，但一见如故，“相聚讲道论德，几忘晨夕”。张伯行深深为冉觐祖的学问所折服，他这样评论：我与冉永光交，而学问乃大进。

在京居官期间，张伯行曾经和冉觐祖谈起仪封县被毁的饮泉书院，并表达了兴复书院的愿望。这个书院以孔子曾饮仪封泉水而得名，创建于明代中叶，曾经是一县文薮，为仪封培育了很多人才，然而后来为某知县所毁。冉觐祖听到后为之扼腕叹息，并对张伯行的志向大为赞赏，表示愿意鼎力相助。张伯行在为父亲守孝期间，曾经试图兴复饮泉书院，但因为父亲尚未下葬，一直无暇顾及。但守孝期间他已经着手建立义塾，先后邀请仪封举人绳其相、兰阳进士傅岂凡主讲义塾，一切修缮费用都由张伯行供应。在父亲下葬之后，张伯行开始实施他兴复书院的事业。由于种种原因，饮泉书院的旧址无法再建书院，他就在古老的请见亭旁边购地二十亩，然后大兴土木，大门、讲堂、藏书楼，从前向后一字排开，讲堂前方两侧又建厢房，周边筑起墙垣，藏书楼里再搬进数千卷经史子集的图书，一个宏大宽敞的读书讲学之所就建成了。张伯行以仪封人请见夫子的典故，命名为“请见书院”。书院尚在修建中的时候，张伯行就致书冉觐祖，请他来书院主讲。当时的冉觐祖已经辞官回乡，受邀主讲于登封嵩阳书院，接到书信后，冉觐祖为难了，自己既已受邀于登封，又如何分身于仪封？但当初在京中寓所，自己对张伯行复建书院许诺要大力相助，言犹在耳，岂能食言？思前想后，他决定两地兼顾，一年之中两个书院各讲数月。在征得耿介的理解和同意后，冉觐祖慨然应允张伯行之邀，奔波于登封、仪封两地，教授生徒。两地相距三百多里，鞍马劳顿要数日之久，也难为这位年过花甲的老先生了。冉觐祖在请见书院不讲时文章法，不谈八股技巧，专以“太极、西铭指示圣学脉络”。张伯行击节称善，这正是他创办请见书院的宗旨。他已经深刻认识到知识界的病根所在，士人的富贵利达之心太重，只知道有功名利禄，而于孔孟的道统传承、天下的治乱兴衰、民众的温饱福祉漫不经心、漠然视之，这是士人的最大弊端，也是朝廷的最大隐忧。他受理学的影响极深，不但要从自身做起，端正学术以纠此弊病，而且立志通过书院来讲明圣学，教化士人。他具有端正学风的强烈使命感。他当然希望得位行道，出为朝廷重臣，实现治国安邦的宏大志愿，然而从成进士之后，他就仕途偃蹇，丁忧期满后赴京候补，一等就是数月之久。既然如此，他宁愿回归故园，把书院办好，弘扬圣道，作养人才，教化一方，实现自己的人生理想。

漫长的乡居期间，张伯行不但兴办义塾、书院，阐明理学，培养人才，而且做了大量有利于民生的慈善事业，真正成为保障一方、民众拥戴的地方绅士。

平粜与赈济是张伯行在家乡几乎每年都要做的善事。我国大部分地区属于季风气候，水旱灾害频繁发生，仪封又紧靠黄河，是黄河险工所在，河水泛滥，蝗虫肆虐，饥荒成为这一带的常态。张家富厚，良田一百多顷，又历代俭朴，广有积蓄，每年春季青黄不接或者陡遇荒歉之时，张伯行都实行平粜，打开自家仓库，以低于时价的低廉价格卖粮给饥饿百姓，使他们免受奸商哄抬物价、高利盘剥之苦，造福一方百姓。遇到大的饥荒，百姓普遍无钱籴粮的时候，他就设立粥厂，施粥赈济。远近百姓自发制作万民幛，敲锣打鼓送到张家，又立“父子贤德碑”歌颂张家的善行，此碑立于张家大门之外的空地上，民间称为万民碑，直到清代中期还可以看到。

康熙三十八年（1699）夏六月，黄河中下游一带连降大雨，黄河暴涨，咆哮的河水不断冲刷着仪封县境内的大堤。仪封县城距离黄河河道仅有十二里之遥，河床又高出堤外数尺，情况万分紧急，城内居民听着河水一阵高过一阵的咆哮，心惊胆战，人心惶惶。最后，河水还是漫过了仪封城北的堤防奔腾而出，仪封县城面临着洪水淹没之灾。河水暴涨之时，张伯行就已经开始行动了。他购置了大量紧密结实的棉布，雇佣妇女日夜赶制布袋，在大堤危急时刻，雇佣乡民用布袋装土加高堤防，堵塞决口。事关全县民众的财产安全和身家性命，乡民们踊跃前往，争先恐后。张伯行又打开粮仓，为参与堵口的乡民提供免费的膳食。绅民同心合力，终于堵住决口，黄河顺槽归流。险情过去了，全县老幼举手加额。

此事刚过去不久，河堤上来了一位重量级的高官，他见到仪封城北大堤上布袋实土堆起的堤防，大加赞赏。这件事成为张伯行重新步入仕途的关键，此人也成为张伯行仕途上的贵人。

这位高官不是别人，正是时任河道总督的从一品大员张鹏翮，深得康熙皇帝信赖的高官。张鹏翮，四川遂宁人，康熙九年（1670）进士，康熙三十九年（1700）任河道总督，后擢刑部尚书，武英殿大学士。他任河道总督多年，功绩卓著，著有《治河全书》十卷、《黄河运河全图》等，成为和靳辅并称的治河名臣。

张鹏翮看到张伯行的治河功绩显著，并得知张伯行是进士出身，赋闲在家主办请见书院，于是亲自赴书院去探访他。来到书院，正遇到张伯行与前翰林院检讨冉觐祖在谈论理学。通过言谈举止张鹏翮认识到张伯行人品端方，学术纯粹，而且很有办事能力，于是向朝廷举荐，请求准许张伯行效力河工。所谓效力河工，即听候河道总督调遣，帮办一些治河事务，不授官职，不领俸禄，是一种临时性的差使。对此，张伯行没有心理准备，连忙以不熟悉河工为由加以推辞，结果张鹏翮执意不允。张伯行又亲赴京师，以身体多病为由加以推辞，但最终不能推脱。康熙三十九年，张伯行赴清江浦河道总督衙门报到，开始了一段治河生涯。

对于河工，张伯行确实是外行，早年他读的是四书、五经及时文，成进士之后，又陶醉于《二程遗书》《朱子语类》《近思录》以及薛瑄、罗钦顺等理学家的文集，既不曾浏览治河书籍，又不曾投身水利工程，对治河事务知之不多。但他勤奋好学，慎思明辨，河工效力之后，他迅速成为一位治河专家。《正谊堂文集》中收有他的《条陈分黄泄湖策》和《条陈黄淮河务十条》，这是他在河工效力的两年间写成的治河理论文章。在第一篇文章中，张伯行提出两大黄淮治理策略，一是开支河以分黄河之水，二是置木洞以泄洪泽湖之水。第二篇文章则提出更系统的黄、淮、运三河治理策略，共分十条：一、开支流以分黄河水势；二、设安澜闸以防黄河泛涨；三、复天妃闸以分淮水济运；四、设永清闸以防黄河水倒灌淮河；五、大挑运河以畅运道；六、束淮河以抵黄河水；七、坚筑高家堰、周桥、翟坝之堤以防泛滥；八、拆除拦黄坝以畅其流；九、筑遥堤以防河患；十、疏运河下游以防淤垫。两篇治河文章显示出他在治河理论方面的巨大进步和独到见解。

在汛期，黄河水势浩大，携带大量泥沙，河道迁徙，摇摆不定，历来难治。明清时期黄河夺淮入海，黄河、淮河、运河三河交汇于淮安清江浦，治河就不单纯是治理黄河，还要涉及淮河和运河的问题。朝廷以河济运，要保证每年四百万石漕粮运输，以确保京师人口的粮食安全，所以，治理黄河的第一要务是必须保证大运河运道的畅通，所谓治河必先保运。既要保证运道畅通，又要防止黄河决口泛滥，还要时刻注意淮河水量的涨落，明清治河是官僚望而生畏的差事，这也是康熙皇帝把治河作为其治国三大要务之一的原因所在。张鹏翮在靳辅之后出任河道总督，当时黄河、淮河屡次泛滥，运道淤塞，清江浦周边州县洪水成灾。张鹏翮日夜操劳，临深履薄，仍难免遭到皇帝呵斥责备。康熙四十年（1701）淮河水涨，洪泽湖漫溢，盱眙、泗州遭受水淹，张鹏翮上疏，其中有“泗州、盱眙屡被灾，即开六坝亦不能免”。结果一句话犯禁，康熙皇帝勃然大怒，说：“塞六坝乃于成龙题请，不自鹏翮始。顷因泗州、盱眙灾，令与阿山议修治，非欲开六坝救泗州、盱眙而令淮、扬罹水患也。鹏翮何昏愦乃尔！”[①]上述张伯行的两篇治水文章正是在这样的背景下写成的。针对当时治河保漕中存在的问题，张伯行提出了非常中肯的应对措施。其基本目的是首保运河漕运，次保黄河安澜，其基本精神是不妄自尊大，凭恃一己之见，也不盲目崇古，拘泥于先贤治河之规，而是时刻观察水势，因地制宜，因时制宜，顺水之性，驯服河伯。他所提出的治河措施，比如开支河

---

① 赵尔巽：《清史稿》卷二百七十九，北京：中华书局，1977，第10130页。

以分杀黄河水势、束淮水以攻黄河泥沙等，充分吸纳了王景、潘季驯、靳辅等往哲先贤的治河经验，说明他河工效力之后，广泛浏览学习了历史上的治黄著作，并且融会贯通，在治河实践中形成了自己的一套治河经验。事实上，他所提出的治河措施，很多被河道总督张鹏翮所接受，比如天妃闸改筑运口这一治河措施，正是张伯行提出来的。可见，他已经成为张鹏翮所倚重的得力参谋。

不但如此，张伯行还日夜劳瘁，不辞劳苦，奔走于治河第一线。康熙四十年（1701）九月，马家港东坝尾埽被洪水冲走，激荡的洪水直逼堤根，失去护埽防卫的大堤，一批一批的夯土被冲刷下去，眼看整个大坝就要垮塌。张伯行正好巡行至此，二话不说，和坚守于此的同知、守备一起督率民夫兵丁昼夜守护，做埽，下埽，加固堤防。经过连续几个昼夜的奋战，咆哮的河水终于安静下来。大堤保住了，数十万百姓的生命财产保住了。他殚精竭虑的工作精神给张鹏翮留下很深的印象。

正因为如此，张鹏翮以河道总督的名义向朝廷推荐张伯行，保举他出任山东济宁道。济宁道是正四品的官职。这正是“山重水复疑无路，柳暗花明又一村”，张伯行终于迎来了仕途的转折点。

考中进士那年，张伯行刚好三十五岁，正是年富力强的好年华，然而，官运并没有垂青于他。一直到康熙三十九年（1700）赶赴河工效力，中间漫长的十六年里，他只做过两年从七品的小京官，真可谓仕途偃蹇，运交华盖。从康熙四十二年（1703）出任四品的济宁道开始，他的仕途进入了快车道，康熙四十六年（1707），他已经是从二品的福建巡抚了，这中间只用了不足五年的时间。张伯行能如此青云直上，是因为重用他的不是别人，而是康熙皇帝。康熙四十六（1707）年，皇帝南巡，当时张伯行刚刚接任江苏按察使，皇帝敕令南京地方大员推荐保举贤能官员，两江总督推荐了十三位地方官员，没有张伯行。觐见时，康熙皇帝把保举名单放到一边，指着张伯行问："你叫张什么行？"张伯行赶忙上前跪下回禀："臣叫张伯行。"康熙说："朕一到江南，即知尔做官好！"说着，转过身，眼光直逼两江总督邵穆布，问道："他做官如何？"吓得邵穆布忙不迭地回道："好，好……好。"康熙又问江苏巡抚："他做官如何？"巡抚也连忙说："好，好！"然后，康熙把目光转向邵穆布："江南还有如张伯行一样的好官吗？""没有。""既没有，为何你们不保举他呢？"邵穆布的额角已经渗出细微的汗珠，一边磕头，一边说着："奴才失察，奴才该死。"最后，康熙皇帝说道："你们不保举他，我来保举。他将来做官好，天下以朕为明君，如果他将来贪赃枉法，做得不好，天下就来嘲笑朕认人不真。”不久，张伯行出任福建巡抚，走马上任了。

康熙皇帝是古代少有的圣明之君，他确实知人善任，张伯行也确实当之无愧，无论在何处任职，他都能做到廉洁自律，矢公矢勇，勤政爱民，不但在当时，即使在今天，也是官员学习的典范。

天下清官数第一

陛见之时，张伯行对康熙皇帝说：“臣蒙皇帝抬爱，无以为报，只有尽忠竭力，报效朝廷，做官不要钱。”康熙回答：“所有官员对朕都是这么说的。”张伯行叩头触地，一字一句坚定地说道：“臣刚刚考中进士的时候，臣父就谆谆告诫，做官不要钱。如今，我如果做一个爱钱的贪官，不但无以报答陛下的知遇之恩，将来也无颜见老父亲于地下。”康熙皇帝微微点了点头，目送张伯行离去。

张伯行是真诚的，“做官不要钱”，这是他对皇帝发下的誓言，也是他至死不渝的坚定追求。

济宁道驻扎济宁城，主要职责是修治河道，督理漕运，每年陋规收入甚多，是一个肥差。张伯行就任济宁道之后，把一切陋规革除。如此一来，不但下属的一些官员不满，而且一些原来依靠陋规收入请人来做的工作如今也无人料理，下属官员都在观望，看这位新任的张青天如何处置。实际上，张伯行在革除陋规之前就已经心里有数，在他看来，地方官员吃朝廷俸禄就应该竭力报效，勤于政事，而不能把自己该做的事情都雇人来做，自己养尊处优，安享清闲。张伯行痛下决心，革此弊端，所以在济宁道任上，他一改前任的作风，凡事亲为，风里来雨里去，穿行在运河河道上，恪尽职守。

清廉是张伯行为官最大的特点。在古代中国人的经验中贵与富相互转化，但凡士人跻身仕途，就能获得功名利禄。然而张伯行不是这样，“做官不要钱”，这是他父亲的教导，是他对皇帝的承诺，也是他一生持守不渝的信条。无论为官何处，官居何职，他都能够秉公办事，拒绝贿赂，一文不取。关于他的清廉，民间有一个广为人知的传说。他在江苏巡抚任上，有一个姓王的知县，天天谋算升官，而知县要想升迁，省里巡抚的评价至关重要，所以他就想贿赂张伯行，但他听说张伯行是一个清官，从来不收礼品。于是，他绞尽脑汁，想出来一个“妙计”。一天，他来到苏州求见张伯行。恰逢张伯行外出巡视，不在家里，他就把一幅字画放到了桌子上，张伯行的儿子张师载赶紧回绝说：“王大人，您的礼物我们不能收，否则家父回来会斥责我们。您还是拿回去吧。”王知县一听笑了，说：“您别误会，这是我自己画的一幅画，想请巡抚大人指教，不是贿赂。别误会，别误会……”一边说，一边快速地转身离去了。既然是王知县自己创作的字画，张师载也就没有介意。到了晚上，张伯行回来，师载把此事一说，张伯行马上警觉起来，拿起那幅画，立即觉得不对劲，怎么会这么重啊？他没有看画，而是研究起画轴来。他拽下画轴一头的端盖，往里一看，立即明白了。“怎么了，爹？”张师载一脸的迷惑。张伯行看着儿子，说：“这可不是一幅字画，这是一份厚礼啊！”说着，把画轴在桌子上轻轻一磕，一根沉甸甸的金条掉落在书桌上。张师载满脸通红，羞愧难当。过了一段时间，这位王知县又来拜访，看到巡抚大人满面笑容，热情接待，王知县心中暗喜：“谁说张伯行一文不取？那不过是自我标榜而已，关键是送礼的技巧，别损害了他虚伪的外表。嘿嘿！我这次升迁有望啊！”落座之后，张伯行笑着说：“你这幅画画得好，功力深厚，我是自愧弗如啊！”王知县受宠若惊，赶紧说：“巡抚大人过奖，过奖！还请大人您多多指教，多多提携。”他把“提携”二字说得重重的，意思是提醒张伯行，可不能只收礼，不办事。张伯行一听就笑了，说：“我这里也有一幅字，也请你指教一二。”王知县嘴上说“不敢，不敢”，心里却美滋滋的。张伯行说着，从书架上拿来早已准备好的卷轴，递给了王知县。王知县不接则已，一接心里咯噔一下，“坏了！”怎么沉甸甸的？再看卷轴，原来是几天前自己送过来的字画的卷轴。王知县一下子红了脸，局促不安。张伯行仍然是一脸微笑，说：“王大人你打开看看。”王知县打开字画，上面写着：“一丝一粒，我之名节；一厘一毫，民之脂膏。宽一分，民受赐不止一分；取一文，我为人不值一文。”王知县羞愧不已，匆匆告辞离去了。

在雍正耗羡归公改革之前，清代官吏的俸禄是非常微薄的。张伯行既拒绝规例，又不收贿赂，只靠官俸自然入不敷出，所以他不得不依赖家赀的补贴。据《张清恪公年谱》记载，每年张伯行大概从老家拿走三千两银子以补贴官用。张家有田产一百多顷，即便按照二百顷田产计算，三千两银子摊到每亩田地上，就是一钱五分，也就是说张伯行每年从其每亩地中拿走一钱五分来补贴官用。按照当时的粮食产量和价格来算，这已经是竭力而为了，所以年谱中说他的这种做法把家里的经济搞得非常紧张，有时候需要卖田来度日。

也正是这个原因，张伯行尽量削减随员的数量。他被任命为福建巡抚，上任之时雇了四艘平底沙船，由海道而行，所带家人仆吏不过二十余人。有趣的是，路上被一支浩大的船队赶上，这支船队由二十多艘体型庞大、雕刻精美的船只组成，艳丽的彩旗随风飘扬，中间悬挂着醒目的招牌——“泉州知府”，原来是新任泉州知府的队伍，好不气派。这只船队距离张伯行的船队尚有数里之遥，就鸣锣开道，要求前面的船只闪开。但开道的锣声敲着敲着，就戛然而止，原来他们看到了张伯行船队上所悬挂的旗帜了。这位知府大人吓得赶紧向张伯行船队示意，请求船舶靠近相见。见到张伯行，这位知府赶紧跪地行礼，通报官职姓名。张伯行气不打一处来，问他：“你赴任带了多少随员啊？”新任知府的汗立马就出来了，嗫嚅地说：“卑职带了三百来人。”“你一个知府，何须那么多随员？三百多人一天要花费多少银子？民脂民膏啊！”知府吓得赶紧说：“卑职这，这……这就打发他们回去，打发他们回去。”知府去后，过了一会儿再看，二十多艘船上的猎猎彩旗收了起来，大部分调转船头原路返回，仅仅剩下三艘小一些的船只跟在张伯行船队的后面，缓慢而行。

张伯行还主张谢绝不必要的交游以节省开支。官员交游，请客吃饭，迎来送往，相互馈送，其中暗藏利益输送的玄机，是官场贪腐的温床。很多官员在这种交游中左支右绌，疲于应付，结果债台高筑。张伯行在任福建巡抚时，和福建籍进士黎志远多有书信往来。当时黎志远在京做小京官，在给张伯行的信中说起自己经济拮据的困境。张伯行则在回信中给出了善意的提醒：“愚意年兄此后交际，或有稍可谢却者，不妨直情相告，想未有不谅也。若日食齑盐之外，思欲勉强圆通，取此与彼，知有志者必不为矣。朱子曰：士大夫之辞受出处，非独身之事而已，其所处之得失，乃关风俗盛衰，可不审乎哉！”由此可见张伯行性格直率的一面，这段话说白了就是：那些不必要的交际你就别参与了！如果有人相邀，就直言相告，人家应该会理解你的。财力不继，还想勉强圆通，这是有志者所不为的事情。接下来张伯行引用朱熹的话语把官场的这种庸俗交际提升到事关风俗盛衰的高度，告诫黎志远谨慎处之。

收取规费、勒索钱财是古代官场的常态，但凡拥有一丁点权力都要想尽办法谋取私利，在张伯行这里不兴这一套。因为在河道效力有功，在张鹏翮的推荐下，张伯行题补山东济宁道，清代官职稍高一些的官员在任职前，都要先陛见皇帝。张伯行到京后，先到吏部报到，由文选清吏司负责安排陛见。令他吃惊的是，掌管文选清吏司的一名官员索要银两，声明这是规例。天子脚下竟然有如此明目张胆的索贿！张伯行断然拒绝了。和他同去的山东济东道多送银子，很快被安排陛见，走马上任了，而张伯行却迟迟得不到陛见的通知。十多天倏然而过，他只能默默地等待。终于有一天接到吏部通知，十一月二十三日陛见，张伯行自是高兴，但同时也纳闷：文选司的官员良心发现了吗？后来一打听才知道，是康熙皇帝突然问话吏部：张鹏翮举荐的山东济宁道怎么还不见来京？这下吏部文选司才着了慌，连忙安排张伯行陛见。他到第二年的正月才正式走马上任，这一拖就是两个月。康熙四十五年（1706），张伯行抵南京就任江苏按察使，书吏呈上一个清单，说："大人，这是馈送督抚大人的见面礼单，以往的新任按察使都是这么做的。"张伯行拿来一看，礼单上所列各种礼品算下来没有四千两白银置办不了，不由得皱起了眉头，怃然道："这怎么办呢？我是一介清官，从不收礼，自然也无钱送礼。"但他知道，自己初来乍到，如果对上司没有任何表示，他们可能会认为你藐视上官。思来想去，他决定还是要折中一下，既不讲究排场，又顾忌风俗人情，于是带上自己珍藏的丝绸团扇、帕子之类的物品前去拜访总督、巡抚。寒暄闲谈之后，他奉上这些小礼物。人家一看，噢，就这么一点，价值不过数十两银子，打发叫花子呢？根本看不上眼，都拒收了。张伯行苦笑一声，又带着礼品回到按察使官府。

在数十年的官宦生涯中，张伯行不要钱，不行贿，不受贿，一身正气，两袖清风。他不但自己清廉自守，还要求下属也是如此，努力去营造一个风清气正的官场生态。江苏在当时是全国最富裕的省份，鱼米之乡，交通便利，商业发达，官场也多有污浊之气。张伯行到任江苏巡抚之后，很快发现当地官场的问题所在，决心加以整顿。按理说，江苏巡抚是两江总督的属吏，整顿吏治的事情应该由总督来做决定，巡抚具体执行。然而时任两江总督的噶礼是一个贪腐成性、臭名昭著的主，他自然不会对整顿吏治感兴趣。出于一种高度的责任感，张伯行决定独自行事，整顿江苏吏治。于是，他拟定了一篇《禁止馈献谕江苏等七府一州示》的公文，通告全省，禁止官员之间相互馈送。这篇告示被收录于《正谊堂文集》中，全文转录如下。

洁己奉公，官守之常节；存心爱物，吏治之本原。迩来习俗移人，廉隅日刓。括民财以肥己，疾苦罔顾；敲民髓以媚人，逢迎绝巧。其御下惟货贿是视，斯奉上以献款为能。就令盈万盈千，止图此身温饱；谁知一铢一黍，尽属百姓脂膏。亦思宽一分民受一分之赐，期于自尽吾心；若使爱一文身受一文之污，何以无惭衾影。

本都院冰蘖夙盟，各司道亦激扬同志，务期苞苴永杜，庶几风化日隆。诚恐属县视馈献为故常，势必小民竭疮痍以填补。虽曰交际之情，于礼不废；试思仪文之具，此物何来？将取之家乎？抑取之民乎？取之家惧难为继，取之民当何以堪！夫风宪固在上司，而亲民莫如守令。彼称我曰父母，我称彼曰子民。土地我为之垦，差徭我为之清，逃亡失业我为之复，茕独无告我为之恤，豪强侵占田宅我为之直，盗贼劫夺财物我为之弭，衙蠹生事扰民我为之惩，讼师舞文害人我为之逐，士风学政颓靡不振我为之兴，天叙人纪循行无亏我为之举。诸凡周知痛苦，如入赤子之室，如摩赤子之肤，斯民爱戴欢欣，如坐慈母之怀，如含慈母之乳，是谓父母，是谓子民。该有司果体此心，风行百里何幸如之。倘贪饕成性，借馈献以邀赏，有忝官箴，难孚人望，亲民之任既不堪居，风宪之司将与有责。合行出示严禁，为此，示仰所属各郡县官员知悉：嗣后务存心爱物，洁己奉公，毋以登垄罔利之术剥削吾民，毋以入厕堕臭之身玷污上官。从此风清弊绝，共成大法小廉，本都院与有荣施焉。①

这是一篇绝好的官箴，示文开头即痛批“括民财以肥己，疾苦罔顾；敲民髓以媚人，逢迎绝巧”这样的官场恶习，很有气势。接着是直指人心的追问：一铢一黍都是百姓脂膏，我去敲骨吸髓地榨取，置民于饥饿痛苦之地，于心何忍？非我之财，掠为己有，取一文则身受一文之污，扪心自问，良心何安？然而，习俗移人，人人逢迎，官官馈送，美其名曰“人之常礼”，似乎已经习以为常。这是最可怕的事情，因为既已成为习俗，就获得了正当性，大家如此去行，心安理得。这种政治生态一旦形成，官员们置身其中，跟随风俗，以非为是，以恶为善，虽尧舜再世，也将无法扭转乾坤。张伯行正是要在官场恶俗正在形成却又尚未完全形成的时候，当头棒喝。他追问馈送上司的钱财从何而来。从家里来，何以为继？从敲诈百姓而来，情何以堪，心何以安？然后，张伯行用父母与赤子的关系比拟官员与百姓，连用十个排比单句说明为民父母官的职责。最后，他强调对榨取民财相互馈送的现象要予以严惩，绝不姑息。这篇正气凛然的官箴公文传达到江苏七府一州以及下属各县，对贪腐官员起到了一定的震慑作用。

对属员如此，张伯行对家人也约束甚严。他的子女皆循规蹈矩，二子张师载官至河道总督，居官清廉，勤于政事，是非常有作为的治河名臣。即便是自己的本家亲属，他也严格要求。张伯行有一个堂弟，自恃堂兄在朝为官，在当地欺男霸女，恃强凌弱，嚣张放肆，搞得四邻不安，乡里不靖，民怨沸腾。这事让在外地做官的张伯行知道了，他立即修书一封，寄给他的叔父。信中他说起乡里的民怨，告诫叔父这是乡亲们以怨言的方式

① 张伯行：《正谊堂文集》卷五《禁止馈献谕江苏等七府一州示》，《丛书集成初编》，上海：商务印书馆，1936，第62页。

教诲我们张家的人，警示我们不可因位高而得意忘形，不可因势重而为所欲为，此事“但当反己，不可怨人”。然后，话锋一转，讲到这位不肖的堂弟：他已经三十多岁了，年纪不算小，不是孩子了，处己待人，应事接物都应当谨慎小心，事事存敬畏之心，然而却诸事未妥，待人刻薄，结果搞得天怒人怨，乡议沸腾。张伯行又给叔父讲了朱熹的居家四本，所谓居家四本者，即：读书，起家之本；勤俭，治家之本；和顺，齐家之本；循理，保家之本。如今读来，也是字字珠玑，治家箴言。检视朱子居家四本，堂弟是四本俱失。最后，张伯行给叔父写了这样一段发自肺腑的话：“他若不循道理，不止害我，连他都害了。他纵不爱我，独不爱他自己耶？若能改过，吾家之幸也。终不能改，只得由他，所谓吾未如之何也已矣。到异日有事时，毋谓我言之不早也。”[①]以张伯行在家族中的地位，这段话的分量是极重的，一定会对他的这位叔父和堂弟产生巨大的压力。至于后来如何，由于史料的缺乏，我们就不得而知了。但从这篇《上叔父》可以看出张伯行治家之严。管束好家人，治理好家庭，这是张伯行作为清官的基础。

力保百姓无饥馑

我国位于亚欧大陆东部，是世界典型的季风气候区，在冬季风和夏季风强与弱的较量中，水旱灾害频繁发生。在局部地区，比如中原黄淮流域，季风气候的负面影响又被黄河成倍地放大了。水旱、蝗灾一直在困扰着我们的先人，此其一。同时，饥荒的频繁出现也与明清时期人口的急

① 张伯行：《正谊堂文集》卷六《上叔父》，《丛书集成初编》，上海：商务印书馆，1936，第80页。

剧增长有关。根据学术界相关研究，明朝末年中国人口已经达到1.5亿。虽然经过明末战乱，人口大量死亡，清初人口只有七千万左右，但经过顺治、康熙两朝的恢复，康熙末年人口总数突破2亿，到清末突破4亿。在一些重点区域，比如江南、中原、关中、珠江三角洲、福建沿海平原等地，人口就更为密集。然而，从两汉迄于清末、民国，我们的耕作技术并没有革命性的进步。这样，人口成倍增长，但耕地面积和粮食单产变化不大，故而造成人口的相对过剩，耕地稀缺，人口众多，民食维艰，此其二。另外，饥荒的频繁出现也与耕地占有状况有关。自从宋代实行不抑兼并的土地制度之后，耕地自由买卖，导致耕地占有不均的现象非常普遍，无地、少地的赤贫人口为数众多，此其三。三个方面的因素相互叠加，导致明清时期灾荒频繁，饥民群体普遍存在。

因此，救灾和赈济也就成为政府乃至整个社会的重要任务。打开《明史》《清史稿》以及明清实录，可以发现蠲免赋役、赈济饥民的记载史不绝书。然而，这种赈济实施的主体多是中央政府，地方各级官员能做的实际上是非常有限的。明代著名清官海瑞曾经担任浙江省淳安县知县，上任之后，目睹治下很多穷苦百姓衣不遮体，食不果腹，困苦不堪，四处乞食，发愿赈济饥民，然而他发现自己可以支配的救灾经费只有9两白银。区区9两银子怎么能够拯救全县灾民于水火之中呢？简直是杯水车薪！无可奈何，海大人只能摇头兴叹。明清时期没有独立的地方财政制度，地方征收的地丁钱粮绝大部分以起运的形式被中央财政收走了，留存在地方的非常之少，连州县政府的日常开支都不够。这种制度自然有它的合理之处。在中央与地方权力的长期斗争中，中央要防范地方势力形成割据，保证国家统一，从北宋开始就通过转运使的设置把财权收归中央，地方没有足以对抗中央的财政能力，中央集权也就稳如泰山，皇帝也就可以高枕无忧了。但这样一来，地方官员也就因为缺乏经费而被束缚了手脚，在救灾事业中一筹莫展，无所作为。

尽管如此，张伯行无论任职何处，都竭尽所能救助灾民，使挣扎在死亡线上的贫苦百姓可以有一口饭吃。

康熙四十二年（1703）二月，张伯行出任山东济宁道，刚刚到任，就遇上大范围的饥荒，情况非常严重。他让家人从仪封自家的仓库里运来两船粟米，以救济饥民。同时，又受命协助山东布政使刘恺展开赈济工作，他不顾劳累，全身心投入这场救灾事务中。然而，他的日夜操劳非但没有给自己赢得荣誉，反而给他的仕途带来了巨大的威胁，险些毁了他的前程。在协助山东布政使完成救灾工作之后不久，他便收到了来自山东布政使的参劾，说他在救灾过程中擅自动用兖州府汶上县和阳谷县常平仓贮存的粮食达22816石9斗，勒令赔补，并题请给予处分。

听到山东布政使的这个参劾，张伯行感到非常委屈和伤心。且不说自己无偿地从家乡运来的两船粟米，作为济宁道员，自己的职责在于运河的修治和管理，救灾并非自己的职责所在，为了能救助饥饿的灾民，自己风里来雨里去，废寝忘食，不遑宁处，即便是开仓赈济，那也是授权之事，到末了却是这个结果。夜已至深，他没有睡意，在书房里来回踱步，思来想去，他决定向上级申辩，于是铺开宣纸，写下了《为敬陈赈济始末，详恳恩准代题以沛皇恩以光圣治事》。在这篇公文中，张伯行强调赈济饥民是出自皇帝圣断："朕经过泰安、新泰、蒙阴、沂州、郯城等处，见民有饥色，应急行赈救。经过地方，虽经赈济，蠲钱粮，但州县仓谷年久朽烂，无裨于散赈。今著将总漕桑格漕米内二万石交与张鹏翮，拣选贤能官员运至济宁州、兖州府等处州县，减价平籴，有应赈之处，即行赈济。亦交米二万石与桑格于泰安州一路散给。"[①]这是皇帝圣旨，谁敢怀疑？接

---

① 张伯行：《正谊堂文集》卷四《敬陈赈济始末详恳代题》，《丛书集成初编》，上海：商务印书馆，1936，第49页。

下来张伯行强调自己是受河道总督张鹏翮委任，协助山东布政使赈济饥民，而且包括布政使、兖州知府在内的参与赈济的官员们曾与会并形成共识："当时公议，州县有仓谷，用仓谷赈济，将漕米减价平粜；如州县无仓谷，即将漕米赈济，皆系布政司亲说，兖州府亲写，将单各存一纸，并报河、抚两院存案。"[①]自己完全是在授权范围内行事，"擅动仓谷"之说是站不住脚的。

最后，张伯行进一步驳斥道：动用仓谷，是推广皇恩，而非希图名誉，是救济饥民，而非侵吞肥己。"设使当日奉旨赈济，本道等到各州县，不动仓谷，坐视其流离死亡而不救，使仓有余粟，野有饿殍，再加以今岁之水灾，使黎民嗷嗷待毙，朝不保暮，本道今日之罪其可逭乎！且本道等动用仓谷二十余万石救济饥民，而兖属之百姓死于道路、逃散四方者尚不可胜数，设当日不动仓谷赈济，而百姓之死亡逃散者不知更当何如矣。"[②]这话说得有理有据，义正词严，铿锵有力，无从反驳。这一参劾最后不了了之。

按照当时制度，赈济时发放出去的漕米和州县常平仓存谷是需要买补归项的，而动用的经费正是历年俸工，即官员俸禄和官役工食。这等于是拿各级官吏的俸禄实施赈济，损害的是他们的利益，所以他们不过是应付而已，没有谁愿意去真救济。而张伯行却是真救济，从他手中放出去的仓谷就有两万多石。可以看出，张伯行是官场中的另类，他收到参劾也在情理之中。但我们从中却能感受到他爱民如子的一片真心。

只要能够救民于水火，即便是得罪同僚、上司，也在所不惜，这就

---

① 张伯行：《正谊堂文集》卷四《敬陈赈济始末详恳代题》，《丛书集成初编》，上海：商务印书馆，1936，第49页。

② 同上书，第50页。

是张伯行。康熙四十九年（1710）正月，张伯行从福建风尘仆仆来到苏州，就任江苏巡抚。此时江北徐州、淮安、扬州正在遭受水灾饥荒，康熙四十七年（1708）江北水灾，康熙四十八年（1709）再遭遇夏、秋两场洪水，一片泽国，很多地方庄稼颗粒无收。前任巡抚于准曾动用康熙四十七年各属解贮司库留漕平粜银11万两进行赈济，但当时按照每位灾民大口3钱、小口1.5钱银子发赈，经过漫长的冬季，如此一丁点的赈银早已消耗殆尽。农历春节过后，青黄不接，灾民又陷入绝境。目睹此情此景，张伯行不能漠然视之，连夜起草了请求朝廷赈济的奏折，希望能在江苏等属康熙四十八年蠲缺存留俸工等银15万内动支赈济，并请求两江总督噶礼署名。督、抚联名上奏，当然更有分量。然而，噶礼拒绝署名。两江总督节制江苏巡抚，噶礼是张伯行的上司，一般的官员遇到阻碍也就罢了，但张伯行不罢休，百姓在水火之中，食不果腹，挣扎在死亡线上，自己作为民之父母，决不能置之不理。于是，他独自上疏，康熙皇帝很爽快地恩准了他的请求，并对他加以赞许。

这件事使两江总督噶礼非常被动。动用官帑救济饥民关系重大，非一般细务，督抚联名上疏是自然之理，现在由巡抚独自上疏，其中的关系皇帝不会看不出来。那么现在张伯行非但没有受到皇帝训斥，反而受到表彰，作为总督的噶礼自然忐忑不安，对张伯行心生怨恨也是再自然不过了，两人的关系急剧恶化。

为了救助饥民，不要说顶头上司噶礼，就是面对康熙皇帝，张伯行也敢于坚持己见，先斩后奏。也是在康熙四十九年，因为连年的水灾，江南、江北各属市场上米价昂贵，百姓生活维艰。张伯行奏请赈济江北淮、扬、徐三府灾民的第二个月，再次上奏，题请于江苏藩库借银3万两，委员赴邻省买米，投放江苏各地市场，平价售卖，平抑物价。但他知道公文往返，至少需要数月之久，嗷嗷待哺的下层百姓饥不可耐，于是一面具题，一面不等朝廷批文下发，即刻动支库银，委员赴邻省买米去了。如此做派，在当时严格说来已是重罪了。张伯行冒着丢掉乌纱帽的危险，为民请命，救民于水火，我们以此可见他为官处世的风格了。

因为对百姓温饱的特别关注，在长期的实践中，张伯行逐步形成了自己的一套救灾理念，我们或者可以称之为救灾理论。这个救灾理论可以概括为以下五个方面。

第一，官员的担当和牺牲精神。他全盘继承了儒家传统的仁爱思想，强调地方官与百姓的关系就是父母与赤子的关系。父母不能见孩子饥馑而不顾，地方官员自然也不能对饥民漠然视之。遇到水旱灾害，地方官最大的职责就是想方设法确保百姓得到最低限度的救助，不至饿殍荒野。为此，地方官员要敢于担当，即便是受到处分、丢掉官职也在所不惜。同时，面对饥荒，地方官员应该有不惜牺牲个人经济利益的精神。正如前面提到的康熙四十九年（1710），张伯行奏请朝廷动支康熙四十八年蠲缺存留俸工银两，赈济江北淮、扬、徐三府受灾饥民。这笔15万多两银子里包含了官员俸禄、胥吏工食等款项，这就意味着要割官员之肉以救灾黎，官员自然不高兴。他这样解释："官俸、役食虽系养廉糊口、照编应支之款，然官役不领，尚可支持，而穷黎枵腹，实堪怜悯。"在他看来，做官不是为了发财，而是为了行道，实现自己治国平天下的道德理想，使老百姓安居乐业。为了这个理想，即便牺牲自己的经济利益，也在所不惜。

第二，受灾程度的分类及不同的应对措施。赈灾以受灾程度和灾民状况为依据。受灾程度不同，有二三成收获、有半收、有颗粒无收。灾民状况不同，即便绝收，殷实户无忧衣食；小地主稍有积蓄，粟米伴野菜尚可度日；赤贫者则室如悬磬，不保朝夕。因此，救济措施也应该有所不同，可分为赈济、赈粜和赈贷等。

遇到灾荒严重、饿殍遍野的情况，官府应该实行赈济措施，或者设场施粥，或者发放谷物，或者分给银两，让赤贫者有饭可吃，不致冻饿而死。张伯行主张对饥民进行动态管理，即便是赤贫者，有工可做则有衣食来源，则减去，有从殷实户沦为赤贫者，则增之。减则少养，增则多养，大致说来，腊月、正月雇觅劳力者少，官府应多养饥民，四、五月份有工可做，官府可以少养。在这样的动态管理中，官府所费赈济米谷少，而救济饥民多，能够以最少的投入取得最好的赈济效果。

对中度灾荒、饥民无多的情况，官府则实行赈粜措施。中度灾荒，田里庄稼收获可能减半，粮食不够食用，大多数百姓度日仍然艰难，需要在市场上籴入一些才能卒岁。这时，因为市场上粮食需求量大，米价会大幅度上涨，就会加剧饥荒，引发恐慌，这就需要官府出面组织粮食供应，平价限量出售给饥民，维持人心安定、社会稳定。

对灾荒轻微、饥民较少的情况，官府只需要实行赈贷即可，即针对口粮不继者，开仓借给谷物，并收取一定利息，收获后连本带利归还官府。

第三，强化对赈济事务的监督管理。

官府通过动用仓谷、截留漕粮、蠲免赋役等途径筹集到饥民急需的钱粮，并非万事大吉，因为具体的施赈环节往往是弊窦丛生。不肖的官员、奸诈的胥吏、胆大妄为的保甲，往往成为善款流失的无底洞，防不胜防。在赈灾实践中，张伯行不断总结经验，提出了一整套管理监督措施。

排斥胥吏，防范保甲，敦请公正绅衿主持赈济工作。古代官府历来有官、吏之分，官员由朝廷任命，流动不居，胥吏多子承父业，世代相袭。胥吏没有俸禄，其收入多为敲诈百姓的灰色收入，又世代相承，奸术相传，凡是公务都会成为他们谋利的机会，故而历代对胥吏的评价极低。保甲是清初的基层组织，其首领保甲长良莠不齐，且山高皇帝远，官府很少能够清楚掌握各村民户的人口变动、贫富差别等情况，他们往往在上报赈济对象时上下其手，或者凭空捏造赤贫户口，侵吞下发钱粮，或者以富为贫，私分钱粮，或者敲诈贫户，从中渔利，种种奸弊，防不胜防。为此，张伯行发布公文，命令各府州县严禁胥吏参与赈济名册的造报，严禁胥吏主持赈济事务，同时邀请家底殷实、办事公正、素孚众望的乡绅参与赈务，监督保甲进行赈济，确保赈济工作的公平公正。

严防不肖官员侵吞赈济钱粮。不肖官员视赈灾为利薮，不顾百姓死活，千方百计侵吞赈款以自肥。张伯行根据自己多年的赈灾经验，仔细分析不肖官员侵吞赈款的花招，然后下发告示，详细罗列不肖官员侵吞赈灾钱粮的种种手法：或者“米则克扣升合，银则减折平头。民沾实惠十不得五”；或者把赈务委托给奸猾胥吏，自己做后台老板，为之遮风避雨，从而受贿分肥；或者申报灾民时多开户口，发放赈灾钱粮时则删除原册；更有甚者，他们串通查赈官员，“公然分拨入己，全不给散”。这个告示无疑是对那些不肖官员的当头棒喝。

强化监督，确保赈灾钱粮发放到饥民手中。为了强化监督，确保赈灾工作的公正，张伯行实行了查赈官制度。每遇赈济，他都拣选一些公正的官员巡行灾区，对赈灾工作进行监督检验。而且，张伯行还特别规定，查赈官轻车简从，不摆仪仗，自带干粮，不能扰及地方；地方官也不得迎来送往。康熙四十九年（1710）赈济淮、扬、徐三府灾荒时，张伯行作为查赈官亲自到苏北监督赈务，以身作则，为各查赈官做出了表率。为了便于核查，张伯行规定了一整套的账册制度。首先是赈灾之前对于救济人户的核实登记，了解每户的人口、田产状况，制作赈济簿，以州县为单位送省布政使，最后送到巡抚张伯行手中。赈济之后，受赈者户主需要核对赈济钱粮数目，然后画押确认，官府把这些账册汇总上报，以便核查。但这在张伯行看来仍不能完全杜绝不肖者上下其手，侵吞赈款，所以他又发布公告，动员百姓相互监督，鼓励他们上告，鼓励他们拦轿喊冤。官府对于此类诉讼必须做到来案必接，认真审理，一旦坐实官吏贪污，严惩不贷。

第四，平抑米价。明清时期商品经济已经普遍发展起来，很多人口的衣食仰赖于市场供应，市场米价关系到千家万户的温饱，关系到社会秩序的稳定，尤其是遭遇饥馑灾荒之时，米价更是关系匪浅。因此，关注米价，根据米价的涨落采取相应的措施就成为地方官的基本职责所在。张伯行无论在何处任职，都把保持米价稳定作为工作的重中之重。在济宁赈灾时，他不经上级批准，动用汶上等县常平仓谷数万石救济灾黎，又动用朝廷截留的二万石漕米平价售卖，平抑物价，基本上稳定了山东灾情。康熙四十六年（1707），张伯行就任福建巡抚伊始，就发现福建平原狭小，耕地无多，人口繁庶，再加上雨泽愆期，民生维艰，于是他一面动用官仓存谷平粜，一面向朝廷上疏，请求动用藩库存银数万两赴湖广、江苏、江西、广东等米价低廉的地方买米，运至福建平粜，稳定米价。及至康熙四十九年（1710）到任江苏巡抚，再遇江北更大灾害，米价高昂，张伯行再次上疏朝廷，请求动用藩库存银买米平粜，而且他不等朝廷批复，就派人提取银两赴湖广买米去了。

平抑米价单靠官府的力量往往是力不从心，他注意动员民间巨室大户的力量。但这项工作还是有一定的难度，市场米价已经上涨到每石3两银子，官府要求富户以每石1两银子的价格粜米，富户们是不愿意干的。张伯行发布公告，一方面历陈饥民辗转沟壑之惨状，激发富豪们的怜悯之心，另一方面给予各种激励措施，比如以官府的名义赐给匾额，报告朝廷给予冠带荣誉。虽然不能动员所有富户平粜存谷，但总有一些乡绅愿意慷慨解囊，与官府一道投身赈济饥民的慈善事业之中。

平抑米价，一方面需要从外地购进大米，另一方面需要阻止本地大米的外流。南宋之后，江南、闽浙、两广等地的海上贸易就很发达。明代嘉靖年间（1522—1566）虽然有抗倭运动，海上贸易势力遭受重创，但在兴衰之间，其总趋势是在逐步壮大的。张伯行任职福建巡抚的第二年，看到风调雨顺，稻谷丰收，很是欣慰，但过了一段时间，发现市场米价不降反升。张伯行经过调查走访，才发现原来是本地稻米被大量运往外地，“奸牙布棍，昬不畏死，刁通外境商贩，恣意盘运，或由海船于僻处偷运出海，接济贼艘，或藉肩挑无几，任意担负外境，觅桌多金”[①]。如果听之任之，一旦遭遇灾荒，势必市无稻米，仓无积贮，贫苦百姓又该受难。张伯行即刻拟定了《申禁盘运米石檄》，严禁谷米出境，要求州县官员和汛口弁兵加强巡逻，遇有贩卖，立即查拿，严惩不贷。

第五，动员民间力量建立社仓并保证社仓的良性运营。

为备荒之用，官府一般在各州县设有常平仓。但由于州县人口众多，真遇灾害，官仓存粮不过杯水车薪，不能从根本上保证粮食安全；而且日久弊生，地方官吏敷衍了事，很多州县粮仓之中并无谷米。张伯行在督促州县官员落实官府粮仓的同时，大力倡导民间创办社仓，以应对饥荒，从根本上解决粮食安全问题。社仓不同于官府设立的常平仓，而是民间自行创设的备荒粮仓，出之于民，用之于民，不费官府一文钱，灾荒之时可以救助一乡百姓。而且与常平仓多建于州县治所不同，它分布于乡镇，便于发放仓谷，有着官仓不具备的优势。

张伯行根据长期的实践，又参考朱熹等先贤的理论和实践，提出了系统的社仓建设和管理理论。我们可以从以下四个方面了解他的社仓建设理论。

其一，社仓的建设和组织。社仓建在乡间，原则上每乡建立一座社仓，也可以合并二乡，甚至三个乡，创建一座社仓。按照土地的多寡、家道的贫富分上、中、下三等捐输粮食。社仓的管理者为社正、社副、社长

---

① 张伯行：《正谊堂续集》卷二《申禁盘运米石檄》，《丛书集成初编》，上海：商务印书馆，1936，第183页。

和社佐，皆从本乡绅士富户中选出，“家道殷实、素有德行者一人为社正，处事公平、人所信服者一人为社副，忠厚老实、可以承命奔走者一人为社长，颇晓文书，精通算法者一人为社佐”[①]。

其二，官府在社仓事务中的角色。张伯行反复强调社仓的民间色彩，“令乡人自为之，不掌于官，恐一经衙蠹之手，则百弊俱生，惠不及民矣”[②]，所以不容许官吏参与其中，更不准官府借用社仓存粮。虽然如此，但如果没有官府的倡导，社仓系统根本不可能建立起来，所以官府的作用又是极其重要的。首先是官府的倡导和督率作用。在福建巡抚任上，张伯行规定：“该府州仍率同各厅县首先倡捐，并饬谕绅衿士庶人等勉力捐输……如一乡之中，有能劝捐至五十石者，该县给匾旌奖；劝捐至一百石者，该道给匾旌奖；劝捐至二百石者，该司给匾旌奖；劝捐至二百石以上者，将劝捐之人姓名申报本都院给匾旌奖。如绅衿士庶人等，有能约社仓会，自五十石以至二百石以上者，亦照捐输之例旌奖。至士民捐输多者，该县优以礼貌，免其差徭。”[③]其次是对仓谷出入的监督管理。每一座社仓置于何处，社正、副名单，存放稻谷多少，青黄不接之际发放仓谷多少，利息多少，若系平粜，售价几何，这些信息均需报州县官员审核备案，接受监督。再次是社仓运营的保障系统。比如严禁胥吏插手社仓事务，严禁官吏借用社仓存粮，如有借粮赖账不还，许令社正、副诉至州县官府，官为严惩，以维护社仓的正常运转。张伯行进一步要求各府州县每年上报各地社仓建设运营数据，作为考成州县地方官员的依据，以此推动

---

① 张伯行：《正谊堂文集》卷三《再奏设立社仓并附条例折》，《丛书集成初编》，上海：商务印书馆，1936，第36—37页。

② 同上书，第36页。

③ 张伯行：《正谊堂文集》卷五《饬置社仓捐积谷石檄》，《丛书集成初编》，上海：商务印书馆，1936，第53页。

社仓系统的建设。可见，我们可以用“官督民办”来概括官府在社仓建设中的主导角色。

其三，社仓的运行管理。张伯行基本上全盘借鉴了民间香会、敬老会等会社管理模式，由愿意入会的殷实富户组成，或三十户，或五十户，不拘多寡。收获季节，各户自愿捐输谷物，在社正、社副和社长的共同监督下入仓。春季青黄不接之时，向本乡需粮之户出放，月息三分，每借粮一石，月收三升的利息。我们可以把社仓视为一个粮食银行，是互助性质的盈利组织。入会者衣食不足之时，可以借用社仓的存粮，不超出自己捐输的部分，不用支付利息，若是灾荒之年，超出自己捐输的部分也会免息。若有婚丧嫁娶，还可以从社友那里得到资助，同样是免息的。应该说，这样的互助组织对于一般民众来说是很有吸引力的。

当然，从张伯行的制度设计上看，社仓更是一个慈善组织，储备粮食、抗御灾害的民间慈善组织。社仓出放粮食给乡民，风调雨顺的年份是三分起息，若遭遇粮食歉收，八九分收成的年份按二分起息，六七分收成的年份按一分起息，四五分收成的年份则完全免息，数月之后只收回成本。“其或真正乏食不能偿还者，社正、副验明销册，不必索取。”[①]社仓存粮出放的另一种方式是平粜，饥荒之时，社仓共同议定，以低于市场价的价格限量出售给本乡的贫困户，以解燃眉之急。

其四，给社仓添加一个教化功能。张伯行规定：“每月朔、望日一会，每会二三十家，或四五十家。在村镇者以土地神为主，在城市者以城隍为主。至期，社正、社副、社长、社佐率一会之人诣神前上香。奉《圣谕十六条》于上，序长幼，立于神位前，行三跪九叩头礼。社正又向神前

① 张伯行：《正谊堂文集》卷三《再奏设立社仓并附条例折》，《丛书集成初编》，上海：商务印书馆，1936，第36页。

宣读《圣谕十六条》，读毕，再向神前申明之，曰：凡我同社之人，能遵圣谕者，神必降之福，有违圣谕者，神必降之祸，尔其慎哉！尔其勉哉！礼毕，撤神位，序坐。社正、副将前半月行过好事者一人，举其事而称奖其善，众人共一揖，以赞赏之。再将行过不好事者一人，亦举其事，论说其不善，众人亦一揖，而督责之。此于社仓中寓乡约，以厚风俗者也。”[①]我们于此可以看到乡约、旌善亭、申明亭的元素。张伯行把《圣谕十六条》融入社仓仪式之中，又加之以旌善戒恶的仪式，确实是绝妙的设计。张伯行真不愧为理学官员！

作为孔孟弟子和理学官僚，张伯行不是重商主义者，但毕竟任职于江南、福建等富庶地区，商业发达，他不反对正常的工商业活动。手工业者为社会提供日用物品，商人奔波各地，沟通有无，他们于社会的正常运转和百姓的日常生活都是不可或缺的，保护工商业者的利益实际上就是保护百姓的利益。他明白这些道理，所以无论任职何地，他都竭力维持市场秩序，保护工商业者的利益。

在泉州，他严禁横抽盐课以保护盐户、小商户和百姓的利益。泉州沿海，有浔、汭、浯、惠四个盐场，商户载运到车桥港进行贸易，官府统一征税，称为车桥盐税，商户、百姓习以为常。按照朝廷律例，私带食盐30斤以下的听其交易，不按贩运私盐论处，所以，对于私贩盐斤聊以糊口的孤弱百姓，官府往往也网开一面。众多小盐贩的存在对于大盐商也是一个制约，有利于盐斤价格的稳定。但后来官吏和大盐商为谋求私利，相互勾结，处处设卡，横征暴敛，并严厉缉拿私贩盐斤的穷苦商贩。他们还派差役、巡丁巡查盐户，搞得商贩、盐户叫苦不迭，市场盐斤价格也不断上

---

① 张伯行：《正谊堂文集》卷三《再奏设立社仓并附条例折》，《丛书集成初编》，上海：商务印书馆，1936，第38页。

涨，直接侵害了百姓利益，人情汹汹。张伯行了解情况后，不顾既得利益者官僚胥吏的反对，严厉禁止横抽盐税。他下发公文告示，规定盐税统一征收，非巡抚衙门确认的税关一律撤销，且每石食盐征税不得超过一分，孤苦商贩私带盐斤不超过30斤的不得禁止，差役巡丁不得在各盐场扰及盐户生产。如有违反，允许盐户、商贩和各处百姓告发，严惩不贷。这样，不但贫苦商贩可以糊口，市场盐价也趋于稳定，于民生有莫大的好处。

在扬州，他顺从民意，取消了商品落地税，并撤销了扬州税课司。扬州位于长江航道和京杭大运河的交叉处，商贾云集，一向繁华。城内有税课司，负责商品税的征收。一天，张伯行接到扬州商户王永生要求取消落地税的呈请。据王永生称：扬州商品已经在钞关报税，运至城内又征收落地税，是重复征收，税上加税，商户不堪重负，多次呈请而没有结果，恳请新任巡抚大人念及商户艰辛予以豁免。张伯行立即行文江苏布政司和两淮盐运司了解情况。据布政使李世仁和盐运使李陈常的汇报：扬州税课司每年征收的1218.4两税银确系重征，但已行之有年，且其中有1173.4两解布政司，其余45两解江安粮道，都是额定开销，如果豁免此项落地税银，这两项开销又从何支付？张伯行犯难了，他紧锁眉头，在书房里来回地踱步。突然，家人来报："盐运使李大人求见。"张伯行眼前一亮，"快请，快请！"两淮盐场可是全国最大的盐场。落座之后，没等李大人说话，张伯行开门见山，要求盐运司每年拿出一千多两银子，解决落地税的问题。李大人犹豫了片刻，回道："好吧，盐运司衙门经费银尚属宽裕，我们紧一下，从经费银里拨付吧。"张伯行非常高兴，送走李大人之后，他很快就拟好了奏疏，奏请免除扬州城内向商户重复征收的落地税，以两淮盐运司节省经费银抵补。在豁免落地税之后，扬州税课司无事可做，所以他又奏请撤销该衙门。很快，他的奏疏得到了朝廷批准，困扰扬州商户多年的落地税负担立时消解，消息传来，扬州城内欢声雷动，鞭炮齐鸣。

无论是救荒，还是保护工商业者的利益，稳定市场秩序，张伯行都以职责所在而竭力为之，使士农工商各安其职，各务其工，不受饥馑之害，享受太平之乐。

治河道裕国保民

在我国的治河史上，大禹、王景、贾让、潘季驯、靳辅……治河大家灿若群星，张伯行虽称不上名家，但在其一生事业中，治河又绝对是他浓墨重彩的一笔，于此，我们也可以看到他的精神和情怀。

治河是他仕途重新出发的起点。他的家乡仪封就在黄河岸边，距离河堤仅数里之遥。每当伏汛之时，浊浪冲击堤岸的砰訇声此起彼伏，使人心惊胆战。他和乡亲们同受黄河的威胁，同罹黄河的灾难，也携手抵御水灾，捍卫家园。康熙三十八年（1699）夏六月，大雨滂沱，黄河像一匹受惊的野马，奔涌激荡，涛声震天，眼看着黄河水漫过堤防，仪封县城危在旦夕，数万百姓的生命系于一发。张伯行作为一位乡绅，一呼百应，率领乡亲堵塞决口，加高堤防，保住了仪封县城。正是这件事，他进入了河道总督张鹏翮的视野，并受到朝廷委任，河工效力。

三年的河工效力，他夙夜在公，一直在淮安一带奔波操劳，治理黄河、淮河和运河，保证漕运的安全。在张鹏翮的举荐下，康熙四十二年（1703），他又一次获得正式的官职——山东济宁道。道介于省与县之间，多为省级以下的地方行政机构，相当于今天的地级市，但济宁道则不同，其主要职责是运河河道的管理，隶属于河道总督领导，具体负责北起今天津市静海区稍直口、南到济宁鱼台县邢庄闸之间运河河道的管理和泉水、湖泊的疏浚挑挖。漕运关系京师数百万人口的粮食安全，曾经与治河、三藩并列为康熙皇帝重中之重的三大政务，而运河又直接关系到漕运的安全，可见，济宁道是一个非常重要的职位。济宁是京杭大运河这条商业贸易生命线上的枢纽城市，工商业高度繁荣，又是河道总督的驻地，也是康熙皇帝屡下江南的必经之地，非比偏僻之地的官缺。这一职位实际上为他日后的升迁提供了契机。

从现有资料看，张伯行在任职济宁道期间极其勤奋敬业，努力学习，恪尽职守。三年的时间里，他一直在不断地学习，他自己说："夙夜兢兢，日求无负是职而不能，乃博览群书，考古人治河之方，又遍历河干，观古人已然之迹。"[①]济宁是河道总督的治所，也是全国治河研究书籍最为集中的地方。他反复研读治河书籍，从中了解数千年的治河历史，尤其是元代以后运河的治理史，学习经验教训，汲取治河智慧。在他传世的治河著述中，我们可以看到他对于前代治河史籍的大量引用。他所征引的古籍文献主要有《尚书·禹贡》、《水经注》、二十四史之中的《河渠志》（或《河渠书》《沟洫志》等）以及李惟明的《改作东大闸记》、欧阳玄的《至正河防记》、商辂的《造堽城石堰记》、徐有贞的《沙湾治河三策》、刘天和的《问水集》、万恭的《治水筌蹄》、潘季驯的《河防一览》、张纯的《守戴村坝论》、阎廷谟的《决口行漕图说》、王在晋的《通漕类编》、谢纯的《漕运通志》、周用的《周恭肃公集》、佘毅中的《宸断两河大工录》等。张伯行还广泛搜集民间藏书，当他偶得胡伯玉先生撰写的《泉河史》时，如获至宝，兴奋不已。这本书包括泉河志十一卷、表三卷，完整而全面地记载了山东运河沿岸的泉眼、河道、湖沼，对于治河甚有裨益。他久闻其人其书，不得一览，一直留意寻找，突然得见真迹，岂不欣喜若狂！可惜的是，该书由于保管不善，多处缺略，损毁严重。张伯行意识到民间

① 张伯行：《正谊堂文集》卷十《治河议》，《丛书集成初编》，上海：商务印书馆，1936，第123页。

可能还有旧本，于是就以官府的力量在山东遍访此书。功夫不负有心人，又有一些残缺不全的书页送到张伯行面前。张伯行对这些残卷相互参考校勘，并在济宁同知的协助下，终成完帙，并刊刻付印。接着，张伯行又在张秋衙署访得孟津阎廷谟《北河续记》一书的刻板。因为年日久远，刻板散失很多，他就雇佣刻工补刻散佚木板，重新印制，以为治河的参考。读万卷书，行万里路，研读先贤水利著述的同时，他常常沿运河从山东北行至直隶，实地探勘，运河两岸遍布他的足迹。每到一处，寻访故老，考察地形，观测河流走势，测量水流深浅，又与书中的记载相互印证，体悟古人的成败得失。这样，他很快就对运河形势及其存在的问题了然于胸，然后，根据运河运营中存在的问题，有针对性地提出治河方略。

张伯行刚到济宁上任几个月，就遇上淮徐、山东一带大雨，洪水冲毁运河、湖泊堤防，奔腾南下，济宁、兖州、徐州以至于淮安等地一片汪洋，灾害严重。这也就是我们上文所说的张伯行开仓放粮而遭受参劾的背景。第二年，又遇天气干旱，运河南旺至东昌段水流微弱，漕船搁浅不行，漕运艰难异常，他督率州县官员奔波于河干，竭尽全力，也无可奈何。连续两年的状况给他深刻的印象，山东境内运河的问题出在哪里？他首先罗列了当时存在的问题：南旺湖以南病在水多，洪水淹没农田，造成灾害；南旺湖以北病在水少，河道水流浅涩，船行困难。但这也仅仅是表象，真正的问题在哪里？他依据前人的论述和自己考察、访谈的结果，结合现在的困境，仔细分析，发现真正的问题所在，提出自己的治河方略。

行文至此，我们有必要交代一下运河山东段的一些情况。从杭州到北京，京杭大运河所经区域地势最高处位于山东，那里地势高亢，水源缺乏，在元代就是困扰朝廷南北水运的最大问题。明成祖朱棣定都北京后，如何通过水运把江南稻米运往北京，山东运道仍然是绕不过去的难题。永乐九年（1411），工部尚书宋礼受命开会通河，用汶上老人白英之策，在汶水之上筑戴村坝，遏汶水西南流至南旺。南旺是三千里运河最高处，时人称之为“水脊”，于此开南旺、蜀山、马踏三湖以蓄汶河之水，然后南北分流，大运河从此全线贯通，明清五百余年漕运史正式拉开序幕。由此可见，南旺湖是大运河的关键性枢纽工程，而汶水成为关系运河畅通与否的重要水源。

接下来，我们沿着张伯行的思路来分析南旺湖南北分水存在的问题。南旺湖以南之所以病在水多，在张伯行看来，其原因有三。

其一，明代戴村坝创建之初就存在问题。当初工部尚书宋礼在汶水之上筑戴村坝，遏汶水改道，西南流至南旺入运河。冬春季河小水清之时，用木板刮沙起堰，汶水全部流入南旺湖；夏秋洪水涨发，则任洪水冲去沙堰，仍由坎河口经盐河故道入海。起初运行良好，运河水源尚称充足，但随着时间推移，夏秋水发，把坎河口越冲越宽，导致南旺水流微弱，几乎断流。于是万恭受命修治，命人搬来大量石块，堆积在坎河口，阻挡坎河口水流，以增加南旺湖方向的水流。接着潘季驯又代之以三尺高的石坝，挡在了去往盐河的河道上，逼水西南流入南旺湖。结果，运河山东段的水源问题解决了，但另外一个问题随之突显，那就是汶水泥沙的问题。其实这个问题在宋礼创建戴村坝的时候就已经存在，到万恭、潘季驯建石滩、修石坝的时候更加凸显，成为运河运行的严重威胁。汶水流域面积5000平方公里，夏秋时节，山洪奔流而下，径流量最大可以达到每秒3000立方米，其凶猛肆虐程度甚至不亚于黄河。洪水携带的大量砂石顺流而下，极易在下游堆积。潘季驯修筑坎河口石坝之后，几乎所有的汶水都由南旺汇入运河，巨量的泥沙就堆积在了汶水、运河与南旺湖的床体上，年复一年，河道、湖床严重淤积。南旺湖周边沙土堆积如山，连绵不断，其源头正在于汶水。这是造成南旺湖以南下游地区水灾频发的主要原因之一。

而要解决这个问题，就要改造戴村坝。张伯行提出了一个可以效仿的典范性工程，那就是戴村坝上游的堽城坝工程。汶水原不通洸水，元代初年为开通南北大运河，毕辅国等人在堽城汶水河道修建斗门，引汶水入洸水，出任城为运河水源。运行初期汶水涨发，砂石大量淤积洸水河道，也几乎造成洸水河道的废弃。后来经过马之贞等人的不断摸索、修整，终于发展出一套高超的水利设施，既能得引水之利，又不至于砂石堆积，壅堵河道。其结构为一坝一闸，相距很近，坝在下游以截留，闸在上游以引水。坝上留有七瓮口，每瓮口宽一丈，上置水板。当夏秋洪水暴发之时，抽取水板，任由洪水顺流而下，由故道入海；当冬春水小之时，关闭水板，抬高水位，使清流由上游水闸引入洸水。为预防砂石流入洸水，当夏秋洪水暴发之时，提前关闭水闸。这是一套非常巧妙的设计，张伯行极力主张仿照堽城闸坝之制改造戴村坝。

在这个问题上我们看到张伯行务实的一面。戴村坝前有宋礼创修，后有万恭、潘季驯等人续修改造，这些人都是著名的水利专家，供奉他们神像的祠堂庙宇遍布黄河、运河两岸，即便如此，张伯行也不盲目迷信他们，而是在戴村坝这个问题上明确提出了批评意见。当然，有趣的是，张伯行也很聪明，他尽量维护这些先贤的崇高地位，从而为自己的运河治理减小阻力。他批评宋礼，说："运河沙淤，岁岁挑挖，遂贻山东无穷之害，宋礼亦有不得辞其咎者矣。"[①]但他又为宋礼开脱，他讲了这样一个故事：宋礼接受汶上老人白英的建议开建戴村坝，尚未完工，"以微过蒙督责，方以儒巾治事，未几，奉命取材川蜀间，其一二未竟之绪，至平江伯陈瑄始续成之。是则宋尚书之改河，原未竟也"[②]。按照张伯行的这种

① 张伯行：《正谊堂文集》卷十《治河议》，《丛书集成初编》，上海：商务印书馆，1936，第125页。

② 张伯行：《居济一得》卷五《东省湖闸情形》，福州正谊书局同治间刻本，第24页。

说法，当年宋礼因微过而离职，由平江伯陈瑄接任而竟其功。以宋礼的天纵睿智和礼贤下士的品格，又有汶上老人白英的帮助，汶水携沙的问题一定能够解决，而陈瑄并不熟悉治河理论，尤其不清楚汶水泥沙的防治，遂使戴村坝引水工程在创建之初就埋下了隐患，这不能不说是令人遗憾的事情。然而，我们查阅《明史 · 宋礼传》等相关资料，其中并没有宋礼“以微过蒙督责”而去职的记载，到四川督理木材运输的任命又是较晚的事情，不知张伯行此说源于哪一本史书。不过可以肯定的是：张伯行在此强调此事，主要目的是摆脱先贤的束缚，探究汶水泥沙淤积运道的根源，寻求解决之道，并非要追究先贤的责任。

无论如何，汶水泥沙的问题都是山东段运河运行中必须解决的问题，否则，河道淤积，南旺湖以南州县水灾在所难免。

其二，官员怠政，河道年久失修。康熙四十二年（1703），张伯行上任不久，济宁、兖州及其以南州县一片汪洋，张伯行在风雨泥沼中巡视各地，堵塞决口。在抗御水灾的过程中，在河道、湖沼堤坝的巡视中，张伯行目睹了河政的废弛。在宁阳县，他沿汶水河道巡视，来到了石梁口、桑家口，发现河道处处淤积，堤坝单薄卑下，河水稍涨，就越过堤岸，四处漫溢，下游一片泽国。其他地方，运河河道、马踏湖、蜀山湖、马场湖、南旺湖也都堤坝卑薄，倘若水大，必定四处漫溢。更有甚者，安山湖本为蓄水济运的重要水柜，但张伯行巡行至此，一眼望去，齐胸的蓬草不见边际，其间偶尔也可以见到周边农户开垦的庄稼地，整个湖泊早已涓滴无存。挑挖河道，加固堤坝，本是州县官员的分内之事，这些工程不过是于农闲时下派保甲，按地签派劳役，何难之有？想到这里，张伯行不由得长叹一声，自言自语地说：“非有浩大工程难以奏绩也，为费无几，而造福无穷，从来皆以因循误事，迨至冲决，即欲补救而已无及，直至十数州县被淹之后，而始行堵筑，则何益哉？”[①]

在他任职济宁道的几年里，每年将届农闲，就下达疏浚河道、修复堤防的任务。在特殊的险工地段，他又召集属员反复讨论，设计工程方案，比如在石梁口、桑家口等地，在周围筑建越堤，以保万无一失。工程开工之后，他又不顾鞍马劳顿，巡行各处，进行检查督促，遇有不能尽职的州县长官、同知、主簿，立即向督抚衙门指名揭报参处，以儆效尤。这样，济、兖等地频繁的水灾得到了有效的遏制，汶水县宋家洼一带，鱼台、沛县、滕县一带数万顷沼泽之地积潦退去，田畴弥望，稻谷飘香，百姓又过上了衣食有余、安居乐业的日子。

其三，南旺湖分水比例严重失衡。三千里运河的关键在于南旺湖，而南旺湖分水又对漕运影响甚大。按照张伯行的说法，有明一代，遵循宋礼的创制，汶水入南旺湖，三七分水，向南面河道注入三分，北面河道七分。[②]这样的分水安排是有其道理的，南旺水脊之南，有洸、泗、沂诸水汇入运河，水源充裕，而南旺水脊之北一直到临清，没有河流可资利用，水运艰难。然而，张伯行出任济宁道之后，发现当时实际的分水是向北三分，向南七分，正好与史籍记载相反，难怪南旺湖以北河段水浅船胶、行船困难了。为什么会形成如此的分水比例？一番探究之后，他发现了其中原委。原来南旺南北两边的运河河道分属两个不同的衙门管理，南旺湖及其以南河道属于运河厅管理，以北河道属于捕河厅管理，运河厅掌握着南旺湖管理权。在古代农业社会，水利就是财富，受南旺湖以南地方乡绅

---

① 张伯行：《正谊堂文集》卷十《治河议》，《丛书集成初编》，上海：商务印书馆，1936，第127页。

② 《明史·宋礼传》：“汇诸泉之水，尽出汶上，至南旺，中分之为二道，南流接徐、沛者十之四，北流达临清者十之六。”此说与张伯行之说稍异。张廷玉等：《明史》卷一百五十三，北京：中华书局，1974，第4204页。

地主的影响，运河厅官员自然会对他们给予关照，堵塞北面原有的关家大闸、五里铺滚水坝，又在南面新开了十字河，导致南旺以北运河更加胶涩难行，而南旺以南河道水量充裕，但也常常因此而引发洪灾。

正因为如此，张伯行痛斥运河厅同知，重开南旺北面的关家大闸、五里铺滚水坝，堵塞向南泄水的十字河，使南旺分水重新回到了南向三分、北向七分的分水比例。这样，既增加了南旺至临清段运河的水源，改善了航运状况，也避免了济宁一带的洪灾。

即便如此，北段运河水源不足的问题依然困扰着张伯行，很多时候要征发附近百姓用水车往河道排灌，艰难异常。他一直在思考、探索，查考史书，研究方志，实地踏勘，寻找新的水源。他在《居济一得》中曾经提出引沁济运的调水方案。沁河发源于山西沁源县，南经沁水、阳城等县，于济源五龙口出太行，东南流至武陟县汇入黄河。张伯行大胆地设想，开挖从武陟县木栾店经陈桥、黄陵冈至张秋的河道，将沁河引入运河。他参考汶水堽城水利工程的精巧设计，进行缜密论证，计划在入黄处不远的沁河上游河段建造拦水坝和引水闸各一座，冬春水小之时，闭塞拦水坝出水口，同时开启引水闸，使清流出沁河，引入运河以济运；夏秋洪水下泄之时，则关闭引水闸门，同时开启拦水坝，使洪水入黄河。他把这一想法以及设计方案向当时的河道总督张鹏翮汇报，张鹏翮大力支持，立即派人实地勘察，又委托北河厅邓之琮丈量土方，估算费用白银14万两。但遗憾的是，不久，张伯行调任江苏按察使，此事也不了了之。除了引沁济运，张伯行还曾提出过引漳济运的方案。但相比之下，漳河更远，引漳济运更为不易，这一工程也未能够付诸实施。

当年运河是沟通南北的大动脉、经济贸易的黄金水道，济宁又居于枢纽的位置，济宁道的职位为张伯行的仕途升迁提供了难得的契机。康熙皇帝屡下江南，所走的正是大运河这一条道路，而山东段运河又往往水量不足，异常难走。这对张伯行来说是一个严峻的考验，当然也是一个难得的机遇。康熙四十四年（1705），皇帝南巡回銮，时值四月，正是河渠水小之时，张伯行相度形势，悉心布置，命令关闭寺前铺闸，开启利运闸放水北注，水势畅旺，然后赴台儿庄接驾。但当龙舟到达南旺以北河段时，张伯行发现河水很小，龙舟无法行驶，被困在了五里铺。原来，当张伯行离开时，闸官又擅自开启寺前铺闸板，放水南去。这下子可急坏了山东、两江的地方大员。张伯行不急不躁，自有应急预案，开哪座闸，闭哪座闸，指挥若定。殊不知张伯行两年的工夫，已经对河道、河运了如指掌。结果，第二天早上水满河道，舟行顺畅。今天我们翻开他的《居济一得》，何处有湖泽以蓄水，何处有闸座以控水，何处滚水，何处减水，各闸又如何放船，都写得清楚明白。第二年，漕运总督上奏山东段运河水小，漕运维艰，康熙皇帝派出广善库郎中德成格赴山东督促漕运。临行陛见之时，康熙皇帝说："山东济宁道张伯行熟于河务，尔与他设法蓄水，量塘放船，尽心协理，自可无误。"由此可见，康熙皇帝此时已经对张伯行的恭谨干练有了深刻的印象，这应该与他从济宁道到江苏按察使的仕途飞跃有一定的因果关系。

张伯行任职河道的时间并不长，加上临时性的效力河工的三年，也总共只有六年的时间。在历代治河名臣的灿烂星空中，他并不耀眼，但在短短的六年时间里，他尽职尽责，做到了极致。六年里，他挑灯夜读，遍览历代治河著述，借鉴古人治河得失；六年里，他穿行于山水泥沼之中，风里来，雨里去，皮肤黝黑，在所不顾；六年里，他观察河势，谋划河工，振刷河务，确保河道畅通，漕粮无虞；六年里，他尽心竭力，抗御洪灾，变泽国为良田，为民谋福。六年的时间不长，但他为河臣立起了一个标杆，树立了一个典范。

康熙四十九年（1710）正月，北风依然凛冽，河边柳树的枝丫在孤独中固执地期盼着鹅黄的装饰。随着一阵清脆的桨声，一支船队由远而近地驶来。张伯行一直站在船头，在眺望着，思索着。岸边的麦田一抹绿色，一派生机，在默默中孕育着一个新的丰收的季节。远处的城楼在树木的掩映下，笼上了浓重的苍墨色彩，像是一幅水墨画。苏州就在眼前了！此时的张伯行心潮澎湃，他又回到了江南这片繁华之地！屈指算来，离开这里也就两年半的时间，走时脱去了江苏按察使的官服，如今又要戴上江苏巡抚的花翎。自己何德何能，深受皇恩，士为知己者死，一定要恪尽职守，上不负皇帝知遇之恩，下不负黎民百姓，做一个百姓爱戴的清官、好官。

但等待他的却是浊浪滔天般的宦海风波。江南水乡富庶的背后，有各种势力的倾轧。这里人文渊薮，明清科举考试的状元多出在这里，世家大户往往手眼通天，就像《红楼梦》里所描述的贾、王、史、薛的势力，在本地为官要有一份护官符，否则，一不留心就会船翻人亡。这里又是商贾云集之地，如苏州、江宁、扬州，且徽州盐商富比王侯，他们与朝中高官的关系盘根错节。张伯行性情耿介清直，身处这个江南名利场中，动辄得罪于人，仕途充满凶险。

遇噶礼风雨欲来

在张伯行就任江苏巡抚之先，噶礼已升任两江总督。这是一个学行、气质和做派与张伯行有着天壤之别的人。

噶礼，董鄂氏，满洲正红旗人，祖上何和礼是努尔哈赤的心腹大将，在决定建州女真命运的萨尔浒之战中立下了汗马功劳，是清朝的开国元勋。噶礼以荫生出仕，随驾征讨噶尔丹，受到康熙皇帝的赏识，从此仕途一路凯歌，累官内阁学士、山西巡抚、两江总督。噶礼思维敏捷，精力充沛，做事干练，但骄横跋扈，徇私贪墨，是一个没有道德底线的贪官。他担任山西巡抚长达十年之久，贪名广播，声名狼藉，然而他能以金钱、官位为诱饵笼络一些贪腐官员，关键时刻替他说话，所以往往能够在官场上逢凶化吉，遇难呈祥，一次次地在康熙皇帝面前蒙混过关。

山西巡抚任上，御史刘若鼐以贪腐上疏弹劾噶礼，说他贪赃数额“无虑数十万”，结果他所豢养的心腹属吏太原知府赵凤诏[①]为其辩护，噶礼又上疏自辩，遂轻松过关。接着，山西平遥百姓郭明奇控告噶礼庇护平遥知县王绶贪赃枉法，上访京师，告到了巡城御史袁桥处。袁桥听了郭明奇的控诉，决心为民除害。于是他上疏朝廷，以七大罪弹劾噶礼，其中有：全省钱粮擅自加征火耗十分之二，仅仅装进自己腰包的就有四十多万两白银；派遣家养伶官（戏子）持巡抚印信到平阳、临汾、潞安等地勒索钱财；借司法案件勒索富户亢时鼎、梁湄等人巨额金银，庇护贪腐官员等。耗羡归公是雍正时才实行的新政，康熙朝严禁赋役征收时擅加火耗，这是

① 赵凤诏，是康熙特别信赖的清官赵申乔的儿子，他向康熙提供的信息让噶礼重新受到信任和重用。

一个非常大的罪行，足以使噶礼锒铛入狱。可在关键时候，山西学政邹士璁出来说话了，他向朝廷上疏，主旨是代太原士民哭留噶礼，说噶礼如何廉洁奉公，爱民如子。尽管有御史蔡珍进一步参奏山西学政邹士璁与噶礼结党营私，狼狈为奸，但无法扭转局势，最后以上京控告的郭明奇下狱治罪、两位御史诬告罢官了事，噶礼再次过关。

尽管贪赃枉法，声名狼藉，但噶礼仍然能够一路升迁，康熙四十八年（1709），转任户部侍郎，旋即升任两江总督。总督是从一品大员，主政一方的封疆大吏，两江总督管辖江苏、安徽和江西三省，是全国最为富庶的地区，国家赋税最重要的来源地，位高权重，不同于寻常督抚，非皇帝特别信赖的人不得此任。因此，噶礼威风八面，气场逼人，上任之初就开始整人立威，凡是巴结逢迎、大送规例者视为亲信，不肯依附者视为异己，大施排挤打击之能事。很快，噶礼以江苏布政使宜思恭为突破口，在江苏官场掀起大案排斥异己。这一年的十一月，噶礼疏参“宜思恭贪婪，请革职审拟”。紧接着，等不及过元宵节，噶礼又上一疏，参劾宜思恭任内藩库亏空白银四十六万一千两。[1]此案又连带江苏巡抚于准。这个于准可是名门之后，他的祖父正是大器晚成、官至两江总督的“天下第一廉吏”于成龙。此案钦命由户部尚书张鹏翮等人审理，最终的结果是：“宜思恭于兑收钱粮时勒索加耗，又受各属馈送，应拟绞监候。巡抚于准，同

---

① 刑部议复：奉差江南审事户部尚书张鹏翮疏言：宜思恭任江苏布政使时，因地方有赈济平粜等事，与巡抚于准商议，先将司库银垫用，俟扣各属每年俸工等银还库。今补还二十九万七千余两，尚欠一十六万四千余两，并无可以扣抵之项，请在宜思恭、于准名下勒限严追补完。应如所题。从之。《圣祖仁皇帝实录（三）》，《清实录》第六册，北京：中华书局，2008，影印本，第5351页。

城居住并不纠劾，拟革职。”[①]从这个判决结果可以看出，宜思恭、于准的罪名里面并没有亏空库银一项。库银的亏空是源于赈济饥民的支出，是朝廷的制度设计造成的，宜思恭、于准并无责任，所谓的亏空库银不过是借口而已。[②]

噶礼扳倒江苏布政使宜思恭和巡抚于准，江苏官场已是风声鹤唳，人人丧胆，但噶礼并不罢休，紧接着，他又挑事儿苏州知府陈鹏年。陈鹏年也是康熙朝名声在外的清官，为人耿直，敢作敢为。他之前曾经出任江宁知府，当时的两江总督阿山因为支应康熙南巡的费用，提议钱粮加耗，结果遭到属下陈鹏年的坚决抵制。阿山非常不满，就寻机报复，参劾陈鹏年收受盐商、典当行贿赂，又贪污龙江关税银。阿山感觉不能置陈鹏年于死地，又搬出旧账，说陈鹏年在南京以前青楼妓院的旧址上建造乡约讲堂，讲论圣谕十六条，这是对皇帝的恶毒羞辱。结果陈鹏年被判处死刑，多亏康熙皇帝的保全，他被调往北京，于“武英殿修书”。此次出任苏州知府，又遇上贪墨的上司噶礼，他自然不会与之同流合污，噶礼一直在寻找机会除去这个眼中钉。此次江苏布政使宜思恭、巡抚于准、粮道贾朴被查，身为苏州知府的陈鹏年当然也有“核报不实”之罪。于是陈鹏年被夺职，流放黑龙江，给披甲人为奴。还是康熙皇帝从中保全，陈鹏年复被调往北京，于“武英殿修书”。

江苏巡抚于准因宜思恭案的牵连而被罢官，两江官场被噶礼渐次驯服之际，张伯行接任于准的职务，来到了苏州。以张伯行的秉性和学行，断不肯依附于噶礼随波逐流。两人之间的恩怨就此展开。

---

① 《圣祖仁皇帝实录（三）》卷二四二，《清实录》第六册，北京：中华书局，2008，影印本，第5350页。

② 宜思恭后来一直在申诉，并不认罪，可见噶礼诬陷的成分还是很大的。

督抚交恶成水火

应该说，张伯行实在是无意招惹噶礼。两江总督是从一品的高官，下辖江苏、安徽、江西三省，位高权重，江苏巡抚又为其属官，此其一。清代满汉地位不同，噶礼是满洲正红旗人氏，又是开国元勋何和礼的直系后代，此其二。基于这些原因，张伯行着实无意挑战噶礼的权威，但他上任之后却事事与噶礼不合，渐生龃龉，矛盾日深。

明清时期下级向上级官员馈送金银珠宝、古玩字画是官场常态，然而，深受理学熏陶的张伯行却从来不兴这一套，拒绝向上级馈送礼品。噶礼贪腐成性，而又傲慢跋扈，张伯行作为他的下属，新官上任，却没有一丁点儿的见面规例，在噶礼看来，这个张伯行简直就是目中无人，狂妄自大，轻视自己，是可忍孰不可忍！所以，他一开始就把张伯行视为异己，排斥在自己的圈子之外。张伯行上任不久向江苏所属七府一州各地衙门下发了《禁止馈献谕江苏等七府一州示》，其中讲，“迩来习俗移人，廉隅日刓。括民财以肥己，疾苦罔顾；敲民髓以媚人，逢迎绝巧。其御下惟货贿是视，斯奉上以献款为能”[①]。江苏七府一州不仅仅是江苏巡抚张伯行的辖区，也是两江总督噶礼的辖区，其总督府就设在南京，张伯行这话虽然是说给下属听的，但噶礼听起来却特别刺耳，这不明明就是在影射自己吗？张伯行可能根本无意冒犯上司，但噶礼听者有心，两个人的嫌隙从他们共事之初就已经开始。

在前文中我们讲到，康熙四十九年（1710），张伯行就任江苏巡抚

---

① 张伯行：《正谊堂文集》卷五《禁止馈献谕江苏等七府一州示》，《丛书集成初编》，上海：商务印书馆，1936，第62页。

时，正值饥荒严重，为拯救灾民于倒悬，张伯行不顾总督的意见，独自具疏上奏，而且得到了皇帝的批准和表彰。这使得噶礼非常恼火，仇怨开始积累。

康熙四十九年（1710）六月，张伯行赴常州，与总督噶礼会审钦案。张伯行举廉惩贪，直行其道，而噶礼一直在打击异己，庇护私人，两人方枘圆凿，格格不入，矛盾迅速激化。会审之后，回到府上，张伯行痛苦异常，想自己忠于职守，并无半点私心，却处处开罪于上司，不但会审场合是如此光景，平时的公事也遭到噶礼的掣肘，几乎是寸步难行，自己宏大的抱负只能付诸东流，空悲切。但自己又能如何？想着想着，张伯行不觉披衣而起，提笔写下了辞职奏疏，第二天一早，就着公差送往了北京。

几天后，康熙皇帝看到了张伯行的这份奏折。张伯行在奏折中首先感谢皇帝亘古未有的知遇之恩，如此大恩，本当舍身相报，无奈江南民繁赋重，事务丛杂，自己才识短浅，虽尽心竭力，难以应付，近日又患上怔忡之症，唯恐将来贻误地方，辜负皇帝厚爱。疏中虽然一字没有提及噶礼，但康熙皇帝心里明镜似的。在此之前，张伯行请求赈济淮、扬、徐三地灾民的上疏中没有总督噶礼的署名，康熙皇帝就已经敏锐地察觉到他们督抚之间的矛盾了，如今又收到张伯行的辞呈，他明白督抚矛盾已达到了白热化。噶礼的贪腐和跋扈康熙是有所耳闻的，重用此人不过是利用他的干练之才，把张伯行从福建调来此处，就是用张伯行之清来制衡噶礼之浊，如何能够让他轻易辞职呢？康熙提朱笔批示：“张伯行操守清洁，立志不移，朕所深悉，江苏重地，正资料理，不得以衰病辞！”[①]没有办法，张伯行只得硬着头皮勉强从事。

---

① 张师栻、张师载:《张清恪公年谱》卷上，《续修四库全书》，第554册，上海：上海古籍出版社，2002年，第412页。

但督抚矛盾并没有消弭，仍在不断升级。

宜思恭遭到参劾下狱后，苏州知府陈鹏年署理江苏布政使。物以类聚，人以群分，陈鹏年同张伯行志同道合，交往密切，大小政务，张伯行必咨询陈鹏年后施行，这是噶礼所不能容忍的。他首先以失察宜思恭案而上疏参劾陈鹏年，并把陈鹏年官服脱去，关进了镇江城隍庙中，重兵把守。朝廷命户部尚书张鹏翮会同当地督抚会审，不是冤家不聚头，噶礼与张伯行又直接杠上了，噶礼欲置陈鹏年于死地，张伯行却竭力保全他，噶礼所非者，张伯行必是之，噶礼所是者，张伯行必非之。

说着说着，就到了年底，张伯行在江苏巡抚任上已将近一年，这时正赶上三年一次对地方官员的考核，即"大计"，与对京官的"京察"相对应。这是地方官场的大事，关系到每一位官员的政治前途，历来最受重视。清承明制又有所变化，明代地方官员的大计由各省布政使、按察使主持，清代则由督抚主持，噶礼与张伯行共同主持对江苏七府一州地方官员的考核评定。结果两个人的矛盾在这一问题上进一步激化起来。虽然噶礼就任两江总督不过一年半的时间，但因其贪腐、顺我者昌逆我者亡的霸道作风，很快就带坏了官场的政治生态。张伯行经过近一年的观察，对江苏官场有了一个大致的了解，哪些人贪墨，哪些人怠政，哪些人清廉，哪些人勤谨，他心里一清二楚。在大计之时，他把那些投机钻营、贪污索贿、尸位素餐的官员列为下等，这引起了噶礼的极度不满，竭力庇护这些官员。但张伯行毫不退让，坚持己见，将贪墨无为者列为下等，"江南士民鼓舞称快"。[①]

还有一场大案对于督抚矛盾的激化也是至关重要的，这就是张元隆

---

① 这个故事源于《张清恪公年谱》，尚无其他的史料印证这个故事。然而从其记载的专业性以及督抚矛盾的发展过程来看，是大致可信的。

案。张元隆本名张羽可，或张御科，上海人氏，监生，考授州同。州同只是虚衔，他实际上并未出任任何官职，而是在上海开了一家船行，船行字号“元隆”，故而他也以张元隆自名。此人深谙与官府交往之道，噶礼就任两江总督之后不久，他就成功地使自己的族弟张令涛进入两江总督府，充任噶礼的幕僚。他们从事海外贸易，家资雄厚，又雄心勃勃广造海船，以百家姓为序来命名其船只，如头号船命名为“赵元发”，二号“钱两仪”，三号“孙三益”，四号“李四美”，五号“周五华”，等等。除了河海运输、海外贸易，张元隆还承揽官府商船管理的业务。清初，清王朝对商船出海控制非常严格，需要有州县官府给发的票号才能出海，票号上有出海日期的严格限制。张元隆凭着自己跟官府的密切关系，就把这项业务承揽过来，出海的商船到他元隆船行就能拿到出海照票。

康熙四十九年（1710）十一月二十五日，苏松水师在近海查获一艘大型的赶缯船，查验照票，系上年华亭县所发，照票上登记的舵手、船工余同元等二十五名都是华亭县本地人，但听其口音，多是闽南人，仔细盘查，其中有福建籍水手二十三人，宁波籍水手二人，另有乘船客商十五人。那么，出海的照票从何而来？经查，照票系上海船行张元隆给发。张元隆冒领海船照票，出手转让给外地海船，这本身就是一个非常严重的问题。这个张元隆是否与沿海盗贼有瓜葛呢？或者说张元隆本人就在从事海盗活动呢？

张伯行立即命令将张元隆缉拿归案，派常熟知县章曾印会同署上海印通判周葑前往查拿。谁知这两位官员到了张府，根本不敢拘拿张元隆。这位船户牙行什么来头？张伯行勃然大怒。后来他才搞清楚，这位张元隆可不一般，别看只是一个监生，但造船、卖船，雇佣水手从事海外贸易，又勾结官府长期把持海船照票的发放，富甲一方，他又与总督大人噶礼有着千丝万缕的联系。他从事海外贸易多年，家中海外珍宝数不胜数，而且出手大方，从不吝啬。如噶礼出洋缉盗，本来可以从江宁顺流而下，经镇江、吴淞出海，可他偏偏走运河，经无锡、苏州，过上海，在上海逗留半月之久。原来噶礼出海所乘坐的船只体形庞大，铺设豪华，都出自元隆船行。背后有噶礼这棵大树，难怪两位知县对张元隆不敢动手拘捕。

但张伯行就是张伯行，动用抚标、衙役再赴上海拘捕张元隆。衙役回来报告说，张元隆已死。“死”不罢休，张伯行再发传票，将其党徒多人抓捕入狱。噶礼越发恼怒，怀恨在心，处处刁难张伯行，总督、巡抚剑拔弩张，关系急剧恶化。江苏官场的文武官员都在观察形势，选择队伍。自然多数倒向了总督噶礼，张伯行势单力孤，举步维艰，这在他写给好友冉觐祖的书信中可以看出端倪。他这样写道：“弟调苏以来，毫无善状，上之不能有益于国，下之不能有益于民，利不能兴，害不能除，碌碌因人，抱愧实甚。……世路崎岖，人心不古，直道而行，便有滞碍，弟今已蹈危陷之途，尚未知将来作何究竟，因思古来触犯权奸，断未有得免于祸者。”[①]可见当时张伯行的处境了。

不久，江南爆出科场大案，户部尚书张鹏翮再次以钦差大臣的身份南下审理，与噶礼、张伯行会审此案。在审理过程中，督、抚各不相让，针锋相对，处处龃龉，矛盾最终爆发，一场震惊朝野的督抚互参大案开始上演。

督抚互参成大案

噶礼和张伯行督抚互参的导火线是康熙五十年（1711）的辛卯江南科

① 张伯行：《正谊堂文集》卷六《与冉永光检讨》，《丛书集成初编》，上海：商务印书馆，1936，第69—70页。

场舞弊大案。这一年重阳节，南京城内的贡院周边，秦淮河两岸，三省参加乡试的士子们无心登高望远，也无意饮酒赋诗，一大早都齐集贡院前面，焦急地等待放榜，期盼着金榜题名。录取名单贴出来了，万头攒动。一开始，有人窃窃私语："这个人，纨绔子弟，狎妓赌博，斗鸡走狗，什么都干，就是不读书，他怎么会金榜题名？""还有这个人，出了名的草包，也中举了！"人们正在议论，突然，有人失声痛哭，捶胸顿足，不一会儿，喧哗声一阵高过一阵，人群开始沸腾。苏州历来是人文荟萃之地，每科乡试都是题名最多，然而这一科却只有寥寥十三人，不少文采斐然的士人名落孙山，而一些文理不通的扬州盐商子弟却金榜题名，兴高采烈。一时舆论哗然，质疑考官贪赃徇情，考试不公。在接着的几天里，南京、苏州各地大街小巷议论纷纷，群情激奋。到九月二十四日，江南诸生数百人聚集在苏州玄妙观，将市民敬拜的五路财神抬进了文庙，锁在明伦堂内。南京贡院的匾额被人用宣纸糊上，上写"卖完"两个大字，讽刺主考官的贪污受贿。在扬州，一帮生员冲进主考官左必蕃家里，拆毁了左氏祠堂。一些士人吟诵打油诗，填写竹枝词，讽刺挖苦主考官，以泄胸中怨气。试题中有"能行五者于天下为仁矣"，又有"孔子登东山而小鲁"一节，士子们题诗挖苦道："能行五者是门生，贿赂功名在此行。但愿宦囊夸博厚，不须贡院诵高明。登山有竹书贪迹，观海无波洗恶名。一榜难为言皂白，圣门学者尽遭坑。"[①]一时间江南各地群情激奋，民间舆论风涛汹涌。

眼看舆论越来越激烈，事情越闹越大，科场案第一责任人主考官副都御史左必蕃首先上奏皇帝："臣膺简命典试江南，兢兢以搜拔人才为务。撤闱后，闻舆论喧传，有句容县知县王曰俞所荐之吴泌、山阳县知县方名

① 小横香主人：《清朝野史大观》第三册，北京：中央编译出版社，2009，第179页。

所荐之程光奎皆不通文理之人，臣不胜骇愕，或系传递代做文字，或与房官打通关节，亦未可定。”[①]请求彻底查清，严肃处理，并甘愿承担责任，接受处罚。接着，苏州织造李煦、江宁织造曹寅以及噶礼、张伯行等江南地方大员纷纷向康熙上奏疏，反映江南科场案实际情形和民情舆论。康熙皇帝亲下谕旨：“这事情着张鹏翮会同江南、江西总督，江苏、安徽巡抚在扬州地方彻底详察，严加审明具奏。左必蕃、赵晋（江南副主考）俱着解任，发往质审。”[②]

十一月二十七日，扬州会审开始，大堂之上，张鹏翮居中而坐，左右两边分别是噶礼和张伯行（安徽巡抚梁世勋因故未到）。会审从舆论反映强烈的两位盐商子弟程光奎、吴泌这两位新进举人开始，大致查清了内外勾结舞弊的情形。

对于此次科场案，著名历史学家、南京大学历史系教授范金民有评论说：这是“一起涉及副主考、担任提调官的安徽布政使、担任各房考官的数个知县，经过精心策划、内外串通，从考试内容、怀挟检查、考场监视到辨认关节、批卷录取步步打通关节的严重的科举考试舞弊大案”。并进一步评论说：“在此之前，清代科考案并不少，但是还没有一次像江南这次科考一样，近乎公开地贿卖。这次科考，无论作弊的手段、性质，还是涉嫌人的身份、人数，以及造成的恶劣的社会影响，可以说都是以前历次科考所无法比拟的。”[③]然而，这并不是这次科场案的全部，很多事实还在被人为地掩蔽着。更有意思的是，参加会审的四位大臣，钦差户部尚

---

① 《圣祖仁皇帝实录（三）》卷二四八，《清实录》第六册，北京：中华书局，2008，影印本，第5399页。

② 《圣祖仁皇帝实录（三）》卷二四八，《清实录》第六册，北京：中华书局，2008，影印本，第5403页。

③ 范金民，孔潮丽：《噶礼张伯行互参案述论》，《历史档案》1996年第4期。

书张鹏翮、两江总督噶礼、江苏巡抚张伯行和安徽巡抚梁世勋，又各怀心思，明争暗斗，上演着一出惊心动魄的好戏。其中张伯行与噶礼的矛盾已经达到不可调和的地步。

在张伯行看来，噶礼一直在阻挠案件的公正审理，这主要表现在以下几个方面。其一，苏州生员上诉指称，苏州新中举人马士龙、席轩、邵一珩、金圣基、徐宗轼五人均有贿买舞弊行为。然而，这些可能的舞弊案都被总督压下去了，不予过问。其二，员星若供称："吴泌所交八千两银子，是叶抚院五千两，海防厅叶同知三千两。"员星若话音未落，噶礼勃然大怒，厉声训斥："真乃大光棍，叶抚院已死，还说他做甚么？若要再提起，定要把两腿夹折。"这是明显地阻止嫌犯正常供认案情，扰乱案件审理。其三，安徽布政使书办李启供认：他往扬州验过银子回到江宁，轩三（安徽布政使马逸姿家人）在承恩寺附近的茶馆里把一个小红封给他，说是关节。然后，他把这个关节交给了员星若。正说话间，噶礼又是厉声呵斥："马藩司不是主考，也不是帘官，哪里来的关节，从实招来，关节从何处得来？"布政使马逸姿何尝不是帘官！明清科举考试，有内、外帘官之别，主要的官员都可以称为帘官，正副主考、同考称为内帘官，提调、监视称为外帘官，民间有时也单独称正副主考、同考为帘官。马逸姿在科考中的身份是提调官，属于外帘官，噶礼利用民间在"帘官"概念使用上的模糊来否认马逸姿的帘官身份，其阻挠案件审理的用意非常清楚。张伯行当场就表示反对，他提醒噶礼说："钦差大人奉命审案，俨然是当今皇帝在上，我们不过是会审的地方官，怎能动气呢？况且，皇上有旨，要求彻查此案，我们岂可使嫌疑人闭口不言？"督抚之间剑拔弩张。其四，马逸姿家人轩三作为嫌疑人，在这场科场案中的角色已经凸显出来，提审轩三势在必行。然而，当钦差张鹏翮提议噶礼抓捕轩三时，噶礼断然拒绝了。张伯行强烈质疑：节制江苏、安徽等省巡抚的两江总督为何在抓捕重要嫌犯的问题上如此推脱？其中有何不可告人的秘密？

因为张伯行要求彻底查清此案的明确立场，一些心中有鬼的官员在噶礼的暗中支持下联合起来，开始反击了。首先是安徽布政使马逸姿，初步的审理说明他是吴泌案子的幕后主谋，眼看就有灭顶之灾了，他要搏一搏。他派出自己的亲信家人越级赴京向朝廷告状（当时称为“叩阍”），说张伯行挟仇陷害自己。安徽巡抚梁世勋是康熙皇帝钦命的会审大臣之一，他因事晚到数日，但令张伯行感到震惊的是，梁世勋到达扬州之后，直接到张伯行寓所，当面质问张伯行：为何要挟宿怨旧仇陷害马逸姿，非置之死地而后快？并且他表示，自己的奏疏已经拟好，一定要参奏张伯行包藏祸心，陷害忠良。其实马逸姿与张伯行交集很少，当年张伯行任江苏按察使之时，马逸姿任苏松道，数月之后，张伯行升任福建巡抚，马逸姿接任江苏按察使。等张伯行由福建巡抚转任江苏巡抚的时候，马逸姿转任安徽布政使。江苏按察使与苏松道台并非上下级关系，也无多少业务往来，而且张伯行任按察使只有短短数月，哪里有什么宿仇旧怨？梁世勋的兴师问罪不仅使张伯行感到愤怒，而且使他产生一种扑面而来的隐隐危险，以噶礼为首的，包括梁世勋、马逸姿在内的这股黑恶势力正在形成，他们正在密谋策划，要通过陷害自己来摆脱危机，逃避惩罚。

张伯行非常清楚，噶礼在千方百计地庇护那些贪腐官员，说明噶礼本人涉入此案，他已经成为江南科场案审理的最大障碍，不扳倒噶礼，科场案就不会水落石出。为了彻底查清此案，使贪赃枉法、营私舞弊者受到惩罚，给两省士人一个交代，也为了自己的清白和身家性命，他决定不再隐忍，揭开盖子，投入战斗。

康熙五十一年（1712）春正月十九日，春寒料峭，人们还在回味着春节的余韵，张伯行弹劾噶礼的奏疏已经送往了北京。一场不见硝烟的政治斗争正式拉开序幕。

在这篇名为《为督臣抗旨欺君营私坏法请旨解任并审以正国典以彰公论事》的上疏中，张伯行紧紧围绕“抗旨欺君、营私坏法”八个字，首先以应然和现实的对比来评价噶礼，说噶礼身膺两江总督的重任，皇恩深厚，本应恪遵圣训，朝乾夕惕，清正廉洁，勤于王事，以报皇恩，然而他到任南京之后，“所辖两省大小文武属员逢迎趋附者虽秽迹昭著，亦可藏垢包荒；守正不阿者虽廉洁自持，难免吹毛索瘢”[①]，为后面叙述噶礼的罪行做一个铺垫。然后，奏疏集中到这次的江南科场案，集中到噶礼的“抗旨欺君、营私坏法”上。噶礼身为两江总督，如果对辖区内发生的如此重大的科场案茫然无知，则有失察之罪，但以噶礼的精明强悍，当然不会不知。张伯行引用噶礼的话“今科举人有一半是副主考卖的”证明噶礼对于科场案知之最详。然而，他非但不据实向朝廷汇报，反而在钦差大臣张鹏翮牵头会审此案的时候极力掩盖真相，阻挠案子的审理。他数次阻断员星若、李启等疑犯的供述，声色俱厉；对于要犯轩三百般庇护。当张伯行请求暂缓审问李启，加紧讯问轩三时，噶礼随即变色，“以恶言相加”。还有，要犯的管理松弛异常，吴泌甚至可以在晚上秉烛造访李启监房，对李启说：“当把口供酌量改变，若不改，将来夹棍恐吃不起。”张伯行在奏疏中愤愤地说：“自督臣震怒后，至今要犯一名不能提，自吴泌令李启改口供之后，至今真供一句不可得。皆由督臣骄横之气足以震慑人心。臣实有欲提不能，欲讯不得者。”[②]皇帝在圣谕中要求对此案“彻底详察，严加审明”，噶礼的所作所为是公然的抗旨欺君。

张伯行一直怀疑噶礼是这场江南科场案的最大后台，他甚至在这个

① 张伯行：《正谊堂文集》卷一《劾总督抗旨欺君疏》，《丛书集成初编》，上海：商务印书馆，1936，第10页。

② 同上书，第14页。

奏疏中这样写道：噶礼“以前通同监临、提调揽卖举人，以后要银五十万两保全无事之说情真事实，不为无稽之舆论也”①。案子会审时，轩三作为要犯，迟迟没有到场，不能不说与噶礼的庇护有一定的关系。后来钦差大人让马逸姿自己把人递解至扬州，马逸姿才不得不照办。轩三到场后，依然傲慢跋扈，开口就说：“我们主子是清白的，只因向江苏巡抚张伯行揭报吴泌买举人之事，被挟仇报复。”张伯行很是愕然，也很气愤，反驳道：“科场案是主考左必蕃上疏举报吴泌、程光奎在先，十天之后，也就是九月二十八日，你家主子马逸姿才揭报吴泌的事情，如果有人挟仇报复，也是报复左必蕃，怎么会挟仇报复马大人呢？”轩三嚷道：“审事大人的头都长不住，还来问我。”张伯行很是震惊。张伯行在奏疏中写道：“大凡人臣非有欺君坏法之罪，不至头都长不住。臣查彼时安徽抚臣尚未到场，审事者只有钦差大人、臣与督臣三人。不知轩三所指何人？”钦差张大人是局外人，又素来清廉自守，断不肯作欺君坏法之事，自然不会有头长不住之虞；若说是我张伯行，我虽才庸性拙，自信从未有欺君坏法之事；“若指督臣而言，则督臣必有欺君坏法之事为轩三所深悉，故虽于大庭广众之前，直言指斥，督臣不得不隐忍付之不闻耳。”②这是张伯行在奏疏中重点讲述的一件事。

张伯行还重点讲述了程光奎考试资格的问题，以说明噶礼收受五十万两贿赂的说法并非无稽之谈。参加乡试，必须拥有生员等相关资格，而且有地保、乡邻的甘结，证明此人家世清白，具备考试资格，然后通过州县教谕、训导审查，地方官府加结给文，以防止冒名顶替。程光奎

① 张伯行：《正谊堂文集》卷一《劾总督抗旨欺君疏》，《丛书集成初编》，上海：商务印书馆，1936，第14页。

② 张伯行：《正谊堂文集》卷一《劾总督抗旨欺君疏》，《丛书集成初编》，上海：商务印书馆，1936，第13页。

参加乡试走的却非正常途径，此人本名程建常，原籍徽州，常住扬州地方经营盐业生意。而程光奎则是苏州无锡县生员，盐商程建常系冒名顶替，借用生员程光奎的姓名籍贯，不由乡邻、地保甘结，不由地方官府加盖印结，也不由学政录科，而是由督臣噶礼直接送考。这就说明噶礼与科场舞弊案有着撇不清的关系。

扰乱案件审理，阻止李启、员星若等嫌疑人供述，包庇秋闱提调官家人轩三，违规送考冒名顶替者，把这些问题串联起来，街头巷尾盛传的噶礼受贿白银五十万两的说法就不会是空穴来风，完全有理由怀疑总督噶礼深陷此次科场案。因此，张伯行正式向朝廷建议，将总督噶礼解任发审，接受调查。

噶礼是一个精明之人，耳目众多，消息灵通，他听说张伯行参奏他的上疏已经发往京师，立即设法搞到了张伯行奏疏的抄本，连夜召集了一帮幕僚师爷仔细分析，寻找对策。最后这帮幕僚罗列张伯行的罪状，撰写奏疏，加急送往北京城。噶礼的奏疏晚送出去五天，却先于张伯行的奏疏摆在了康熙皇帝的面前。

噶礼的奏疏罗列了张伯行七大罪状：第一，违背圣谕，拒不出洋缉盗，又阻止总督噶礼出洋，还迁怒于为总督噶礼雇募船只舵工的船行，诬陷并逼死张元隆及其胞弟；第二，因同乡好友的关系而违规袒护重罪在身的上海知县许士贞；第三，与前苏州知府陈鹏年狼狈为奸，抵制、拖延保甲制度的推行，以致盗贼充斥，百姓遭殃；第四，庇护弭盗不力的苏松道台臧大受；第五，处置不力，造成苏松漕粮过淮迟误，又捏造事实，欺罔君上，希图免于处分；第六，方苞为《南山集》作序，本系钦犯，张伯行延至署内，著书立说，并偷藏《南山集》刻板，抵制对方苞的缉拿。第七，每日专以著书卖书为务，荒废政事，又情多猜忌，心更糊涂，一切命盗各案，混行翻驳，滥准词状，拖累株连，毙人性命，且屡训不改。最后，噶礼提到科场案的审理情况，说：臣一开口，张伯行总是说不该如此大声，不该如此审问。臣恐较论有失体统，只能缄口不言。不成想张伯行却“阴谋陷害，以私卖举人得银五十万两污臣名节，臣实难与俱生。果有丝毫情弊，当即伏斧锧，如伯行不能拿出确凿证据，则逞讦诬陷，亦难逃国法也”。这末了一句话也是很有分量的，你说我收受五十万两银子的贿赂，请你拿出证据，如若不能，恐怕你张伯行难逃国法。

科场案尚未了结，又从科场案引发出督抚互参的大案。康熙五十一年（1712）二月初四日，朝廷讨论噶礼和张伯行互参一案的处理。在康熙皇帝看来，此二人各有短长，其奏疏肯定也各有真假虚实。派谁去处理这个案子能够保证公平公正，康熙皇帝颇费思量，经过反复考虑，决定同时免去噶礼和张伯行的职务，仍由张鹏翮担纲，主持审理，又派漕运总督赫寿前往会审。

被解职之后，张伯行针对噶礼奏疏所列举的自己的七大罪状进行了驳斥。第一条，张伯行阻止噶礼出洋不成，反而陷害为噶礼提供船只的船行张元隆。事实是：接到出海搜缉海贼的圣旨后，张伯行就差人至江宁同噶礼会商，并在苏州迎接噶礼，带领抚标兵丁跟随至上海，准备协助噶礼出海缉贼。因张伯行手下抚标本无战船，商议向牙行雇募民船，噶礼说：民船无器械，又损国威，就让他率抚标和提督一起负责沿海的巡逻，这是具折奏明、有案可查的。我张伯行哪有可能阻止总督出洋？至于张元隆，他攀附总督，蔑视地方官府，又倒卖出洋船只照票，自当受审。第二条，我张伯行与上海知县许士贞家乡相距二百多里，既非同乡，也非好友，况且，许士贞不过是奉总督之命行事，过错在总督本身，曲庇之说不能成立。第三，他一直在严行保甲，江苏治安相比以前，已有很大好转，污蔑他和陈鹏年抵制保甲是无稽之谈。以下各款，张伯行也都逐条驳斥，在一些具体问题上他确实也负有一定的责任，但总体上说是夙夜在公，勤政廉洁的。

张鹏翮本来在科场案审理上就瞻前顾后，一筹莫展，现在又叠加上督抚互参案，心理上更是如千斤压顶。他知道案情重大，又涉及复杂关系，两人都是封疆大吏，深得皇帝的赏识和器重，搞不好得罪督抚不说，皇帝万一怪罪下来，那可不是闹着玩的。所以，他稳住阵脚沉住气，让噶礼和张伯行相互隔离，各自撰写供词，他和副主审漕运总督赫寿逐日勘对供词，偶尔提审一两位相关人员，提问几个问题，然后又是闭门，悄无声息。这样一审就是三个月，因为是总督、巡抚互参的大案，省、道、府、州县相关各官滞留扬州，不得远离，由春徂夏，焦急难耐。

在此期间，远在京师的康熙皇帝通过耳目时时关注着案件的审理情况。江宁织造曹寅、苏州织造李煦等高级官员都在源源不断地将扬州的信息通过奏折发送给他。张伯行被解职后，苏州、扬州百姓罢市歇业，数万人扶老携幼，捧着水果蔬菜围集公馆，哭声震天，很多人甚至表示要到京城，恳请巡抚大人复职。噶礼那边也有不少人组织请愿活动，甚至一度围堵苏州织造衙门，请求总督还职。噶礼停职后，两江总督暂时由江西巡抚郎廷极署理，当二月二十二日噶礼委官护送两江总督印信给郎廷极的时候，一些人甚至把南京城门堵住，不容印信送往南昌，这些人甚至夺过印信携至安徽巡抚梁世勋那里，梁世勋自然不敢接印，这帮人又送至苏州织造李煦那里，李煦几经劝解，他们才同意把印信交与委员，送往南昌。所有这些信息，曹寅、李煦都报告给了康熙皇帝，而且还附上了他们对于这些事情的看法。比如李煦较为肯定百姓对于总督噶礼的爱戴，而曹寅则表示：为张伯行请命的人里面青衿士子多一些，为噶礼请命的人里面则地方官僚多一些，但恐怕背后都有人操纵，作秀的成分多一些。

皇帝通过自己的耳目在了解两大案的审理情况，张鹏翮也在试图获得庙堂上的相关信息。张鹏翮不温不火的背后体现了他的政治智慧。案件本身的是非曲直固然重要，但皇帝的倾向更为关键，所以他一直通过在京城的耳目打探相关的情报，了解皇帝的态度。当初噶礼和张伯行互参的奏疏送达京师的时候，康熙皇帝当着九卿对此二人有一个评价：“噶礼有办事之才，用心缉拿贼盗，然其操守则不可保。张伯行为人老成，操守廉洁，然盗劫伊衙门附近人家，尚不能查拿。噶礼曾参原任知府陈鹏年。陈鹏年居官虽善，乃一胆大强悍之人，噶礼、张伯行互相不睦者，皆陈鹏年怂恿所致。据张伯行参疏云：噶礼得银五十万两，未必全实，亦未必全虚。即噶礼所参张伯行之事，亦必有两三款是实。至海贼一案，命江南、浙江、福建三省督抚前往，乃皆畏惧推诿，惟噶礼至尽山、花鸟缉拿贼盗，因此各省督抚甚怨噶礼。”[①]康熙是一碗水端平，一视同仁，从专门提及缉拿海贼一事似乎可以看出他对噶礼较多的垂爱，这种态度张鹏翮当然清楚。

接着发生了在张鹏翮看来非常重大的事件，康熙皇帝托苏州织造李煦的家人带到扬州一幅御书条幅和一把写有御诗的扇子，并要求李煦亲自到扬州传达谕旨。御制诗里面有“官箴乏协恭”一句，那意思再清楚不过了：两人都是皇帝的股肱之臣，希望双方各退一步，反躬自问，握手言和。张鹏翮陪同李煦向两人宣达圣谕，赐给御书。噶礼向李煦表示：“我受圣恩高厚，平时怎么样教训，竟不能仰体圣心，以致同寅不和。今读主子御制诗，真真惭愧无地，懊悔不及。”似乎有捐弃前嫌，与张伯行握手言和之意。而张伯行虽然也表示“是我上负圣恩，如今惟有愧悔”，但其实并不退让，李煦劝他说：“此一句（指皇帝御制诗中的‘官箴乏协恭’）为老先生和制台而作也。上意俱欲保全，又恐两人不和，老先生体仰上意，自认些小不是，我当启奏，必两复矣。”张伯行主意已定，说：“圣意正未可知，我既参奏，岂有调和之法。”李煦看软的不行，又

① 《圣祖仁皇帝实录（三）》卷二四九，《清实录》第六册，北京：中华书局，2008，影印本，第5411页。

来威胁："督臣党羽众多，关系深厚，如果执意斗下去，老先生您必定遭害。"张伯行爽朗地一笑，鄙夷地说："圣明在上，我何惧焉！"张鹏翮一看，李煦难以下台，很尴尬，连忙来圆场，劝张伯行道："你们二位都是皇上所爱惜、所器重的重臣，皇上最喜欢官场和谐，最讨厌同寅钩心斗角，你们何不各让一步，免得伤了和气，贻忧圣上。"听到这里，张伯行突然情绪有些失控，提高了嗓门："各让一步！我张某人何尝没有让？自从莅任以来，我所让多矣。今因朝廷大事参奏，是让无可让！"李煦和张鹏翮无话可说，只好默默地退了出去。

这就是张伯行，耿介、执拗，而且富有胆识。噶礼是他的顶头上司，又是满人，还是开国功臣的后代，在朝中关系复杂，盘根错节，然而，张伯行无所畏惧，敢于碰硬，甚至有以卵击石的冲劲，不能不令人佩服。

张鹏翮自认为摸清楚了康熙皇帝的倾向，也搞清楚了噶礼、张伯行两人的态度，做出了判决意见：噶礼弹劾张伯行不能清理案件是事实，其余皆是一些陈年旧事，方苞由张伯行遣员料理，《南山集》刻板在江宁起出，噶礼苛刻，应降一级留任。张伯行弹劾噶礼揽卖举人索银五十万两，全无实据，应革职，拟徒准赎。对于科场案的判决意见：将吴泌等拟绞监候，秋后处决，副考官赵晋，同考官王曰俞、方名俱革职，佥妻发烟瘴地方充军。正考官左必蕃所参虽实，而取中举人革退四名，应将左必蕃革职。

这个判决意见有明显的调和意味，也不公允，对噶礼有回护之意，而对张伯行则判处过重，同时，对于科场案涉案官员、涉案举人的处置出奇地宽容。康熙皇帝对此判决非常不满意，切责张鹏翮问题尚未弄清楚而一味地掩饰调和。结果张鹏翮的判决意见被全盘推翻，六月十八日，户部尚书穆和伦、工部尚书张廷枢受命，赴扬州再审两案。

张鹏翮和赫寿是汉满组合，这次则以穆和伦担纲，是满汉组合。穆和伦、张廷枢审理科场案要比张鹏翮严厉得多，雷厉风行，不但重新提审了正副主考左必蕃、赵晋和方名、王曰俞等房考官，还把未曾受到审讯的涉案房考官溧阳知县鄢柳、石棣知县李颂缉拿归案，录取供词，又夹讯了有嫌疑的新中举人席玕、马士龙和徐宗轼等人。历时两个多月，到九月二十九日，科场案审结，赵晋斩首，吴泌、程光奎等贿买举人和方名等贿卖举人的房考官员俱判绞刑。这个判决结果要比张鹏翮、赫寿的判决严厉得多。督抚互参案的判决：张伯行参奏噶礼各款皆虚，又畏缩不前，不能出洋巡逻，反诬陷张元隆通盗，不审不结，拖毙多人。不能严拿盗贼，迟延命案，又妄行参奏，有玷大臣之职，应革职。至于噶礼，其所参张伯行各款俱系从前旧案，不于彼时参奏，亦应议处，但所参张伯行不能出洋等处，俱实。应予免议。这个结论认定张伯行题参噶礼各款俱虚，而噶礼所参张伯行各款俱实，这个结论比起张鹏翮的判决偏向性更加明显。

穆和伦、张廷枢的判决意见得到吏部的批准，提交给康熙皇帝。康熙更为不满，又面谕九卿。其谕旨归纳起来，三个要点：第一，张伯行居官清正，天下无人不知，但才不如守，噶礼办事敏练，才具有余，但未闻有清正之名。第二，朕乃天下之主，非独满蒙之主，满、蒙、汉军、汉人皆为一体，平等视之，不得厚此薄彼，均需公平处之。第三，穆和伦、张廷枢的判决是非颠倒。最后命令九卿、翰詹、科道会议具奏。

这下子可难为这些朝中重臣了，两任会审大臣都未能做出令皇帝满意的判决，皇帝究竟要一个什么样的判决以了结此案呢？真是一筹莫展。最后还是由李光地出面，向皇帝说：此案督抚所参，多是虚词，不过是受人挑拨的意气之争，封疆大吏如此相互诬陷，有伤国体。此事具体究竟应该如何了结，不如皇帝您就明示，判决出自宸衷，无偏无党。

姜还是老的辣，李光地这样一请示，康熙皇帝终于说话了：“从古治天下者，莫要于至公。朕御极五十余年，凡内外大小之事，皆以公心处之。观近日外官，满洲所参大抵多汉人，汉人所参大抵多汉军，皆非从公起见。朕悉据理处之，并无偏向。张伯行居官清廉，人所共知，其家亦殷实。朕巡河工时，彼适为按察使，知之甚悉，但才具略短耳。噶礼办事历练，至其操守，则朕不能信，若无张伯行，则江南地方必受其朘削一半矣。语云：文官不爱钱，武官不惜命，然后天下乂安。又云：清官不累民。朕为天下主，自幼学问，研究性理等书，如此等清官，朕不为保全，则读书数十年何益！而凡为清官者亦何所倚恃以自安乎？”①说到这里，康熙皇帝稍微停顿了一下，环视群臣。众人赶紧附和：“清官不累民，张伯行居官清正廉洁，确实如此。”然后，康熙皇帝带着责备的口吻接着说：“尔等俱系大臣，既知张伯行清官，当会议时，何无一言？今朕既有谕旨，尔等方赞其清，亦晚矣！”②最后，康熙皇帝要求众大臣说：“尔等诸臣，皆能体朕保全清官之意，使为正人者无所疑惧，则人俱欣悦，海宇常享升平之福矣！”③

康熙皇帝的意思用四个字概括就是“保全清官”，这就是最高指示，九卿、翰詹、科道这些朝中重臣们长舒了一口气，终于彻底搞清楚皇帝的意思了。很快，震动朝野的督抚互参案有了最终的结局：噶礼、张伯行系封疆大臣，不思和衷协恭，辄因私隙听信人言，互相讦参，殊玷大臣之职。应将噶礼、张伯行俱革职。但地方必得清正之员，方不遗累百姓，张伯行居官清正，天下尽知，应革职留任。

督抚互参案尘埃落定。消息传到江南，人们奔走相告，苏州、扬州、江宁到处欢声雷动，时闻鞭炮声响。玄妙观里人头攒动，士民扶老携幼，来此磕头上香，叩谢皇恩浩荡，还民清官。京师畅春园外，数万士民拈香

---

① 《圣祖仁皇帝实录（三）》卷二五一，《清实录》第六册，北京：中华书局，2008，影印本，第5433页。

② 同上。

③ 同上书，第5434页。

聚集，“跪疏谢恩，愿各减一龄，益圣寿万万岁，以申真实感激之诚。”这反映出士民百姓对于清官的渴望，也反映出他们对于勤政爱民、一文不贪的张伯行的肯定和爱戴。今天，我们再来审视此案，在赞许张伯行清廉的同时，也不得不感喟他的风骨和胆识。噶礼既得皇帝信赖，又深耕官场多年，党羽甚多，所谓不可与争锋也。如前文所讲，苏州织造李煦就曾经劝说张伯行：退一步，握手言和吧，否则“彼党众，必遭害”，但张伯行不屑一顾，说：“圣明在上，我何惧焉！”实际上，张伯行在给冉觐祖的信中已经充分表达了自己不畏权奸，不惜一死的决心。这是何等气概，何等风骨！这不仅使人想起了孟子的大丈夫精神：富贵不能淫，贫贱不能移，威武不能屈。

噶礼最终的结局令人扼腕叹息。康熙五十一年（1712）十月解职后，他回到了北京。按理说，他任职山西巡抚十多年，又出任最富庶的两江总督三年多，那么，卸任之后就做乡绅好了，孝养父母，儿女绕膝，怡然自得，这样的生活也不错。但是，康熙五十三年（1714），噶礼又摊上了大案，这次，是他的生母把他告了，而且是置之于死地。据《清史稿》和《清史列传》记载：噶礼的老母亲叩阍告御状，说：噶礼和其弟弟色勒奇、儿子干都合谋，往食物里下毒，要害死她，未遂。噶礼和他父母的矛盾由来已久。其父还在世的时候，噶礼夫妇收养了一个叫干太的人做养子。其父普善激烈地反对此事，但噶礼并没有顾及父亲的意见，而是让他的妻子私自抚养，结果普善大怒，把噶礼的妻子和收养的儿子干太逐出家门。因为这事，干太的生父昌泰怀恨在心，领了一帮人拆毁普善居住的房屋，还詈骂不休，几至于动手打人。噶礼巨富，带着儿子移居河西务去住，非但不照管母亲，还欲害死老人。“奸诈凶恶，请正典刑”。这无论如何都令人难以置信。明清时期，不孝是属于十恶不赦的大罪，其母亲叩阍告状，这不能不审。刑部立案审理，结果噶礼母亲所告属实。最后刑部定罪："噶礼身为大臣，任意贪婪，又谋杀亲母，不忠不孝已极，应凌迟处死；妻论绞；色勒奇、干都坐斩；干太发黑龙江。家产入官。"皇帝还是念着君臣一场，不忍如此刑罚，传下谕旨：噶礼令自尽，妻从死，其余按刑部意见执行。

至此，督抚互参的恩恩怨怨也都归于历史长河之中，烟消云散，任凭后人评说。

十月的江南，天高云淡，徐徐秋风轻轻梳理着金黄的田野，安详而舒缓，似乎完全不知道江南官场的疾风暴雨。督抚互参案结束，张伯行欣赏着这无边的秋色，又回到了苏州，依旧做他的江苏巡抚。漕运总督赫寿接替噶礼，接任两江总督。赫寿是满人，督抚互参案的钦定会审大臣，与张鹏翮一道做出了对于张伯行不利的判决意见。然而，经过这次风波，他真正见识了张伯行，也认识到康熙皇帝对于他的偏爱，所以虽然是顶头上司，赫寿总是对张伯行客客气气，礼让三分，江南官场也对张伯行刮目相看。按理说，张伯行以胜利者的身份重回江南，没有人再敢跟他过不去，他的仕宦生涯应该是伴着鲜花与掌声，一帆风顺，然而，等待他的却是更大的风浪。

事实上，在督抚矛盾全面爆发之前，张伯行已经踏入了一个他无法左右的巨大旋涡中，对噶礼的巨大胜利也没有能够改变这一局面，他仍然在一步步踏进旋涡的中心。

张元隆案尚未了

张元隆案曾经是督抚互参案的斗争焦点之一，噶礼向康熙皇帝上疏，罗列张伯行的七大罪状，第一条就是张伯行在张元隆案中挟仇报复，滥抓无辜，逼死人命。张伯行被停职后，署理浙江巡抚王度昭暂代张伯行署理江苏巡抚之时，对此案定谳，张元隆已故，免议，其弟等人分别被判处徒、杖等不等的刑罚。督抚互参案了结，刑部以王度昭定谳过轻为由，发回江苏，由张伯行重新审理。

紧接着，又有两案直指元隆船行。一个是李崇御案。崇明地方穆总兵率队查获一艘海船，船主系李崇御，在船上发现了成堆的金银，犹如堆放的稻谷，这可把穆总兵为首的一帮水师兵勇惊呆了，他们一生中从来没有见过这么多的金银。在盘查船只照票时，穆总兵又发现舵手、船工多不相符，而照票依然是张元隆承领。案子上报到巡抚衙门，张伯行立即警觉起来，他之前就一直怀疑张元隆船队勾结匪类，窜行东西两洋，多行不轨，在此案尚在审理期间，又出来一个李崇御案，直接和张元隆案相关联，为此案提供了更多的证据。另一个是顾协一、闵三控告张令涛案。张令涛是张元隆案中的一个关键人物，是张元隆族弟。前文提到，噶礼奉上谕出海缉拿海盗时，放着长江大路不走，偏偏走运河狭路，绕道苏州，逗留上海半月有余。他在上海的招待、出洋的海船及其豪华的装饰都由张元隆船行安排。据张伯行参奏，这其中的牵线人正是张令涛。据顾协一、闵三控告：张令涛在噶礼被革职后，化名孙以仁，转而投靠江苏布政使牟钦元，进入他的幕府，继续官商勾结，肆行海上，劫掠商船。

张元隆虽死，但这股势力还在，他们坐拥巨资，贿赂官府，出入洋面，神秘莫测。张伯行决心铲除这股海上势力。因此，他也就踏入了一个巨大的凶险莫测的旋涡中心，注定要付出巨大的代价。

这里就不能不提到古代东南沿海海外贸易的发展问题。虽然我国以农立国，重农抑商，但随着经济的发展和造船技术的进步，东南沿海的海上贸易从小到大，逐渐发展起来。南宋时期，偏安一隅，地域狭小，更加重视海外贸易，海外贸易空前繁荣，市舶司收入占到全国财政收入的20%以上，出现了“经费困乏，一切倚办海舶”的局面。随着海外贸易的发展，广州、泉州、明州商船云集，通商范围远及大食（阿拉伯）、波斯

（伊朗）等地。海商势力随之扩张，宋元之际的泉州阿拉伯裔商人蒲寿庚垄断泉州海上香料贸易三十年，家资巨万，僮仆数千人。

海上贸易利润丰厚，海上商人富比王侯，手下党羽众多，有的甚至拥有可以与官府相抗衡的武装力量。他们往往又利用金钱培植关系，盘根错节。而且，东南沿海人口密集，耕地狭小，很多人口依赖海外贸易来养生糊口，甚至乡绅大户也以不同的形式广泛参与到海外贸易之中，海商势力代表着地方利益。朝廷、官府对于海商势力的打击直接触动了地方乡绅和下层民众的经济利益，是中央与地方矛盾的一种表现。正因为如此，很多官员在执行中央政策的时候往往瞻前顾后，多所顾忌。当然也有一些坚决执行中央决策的官员雷厉风行打击海商势力，但往往遭遇重重阻力，甚至丢掉性命。

最典型的莫过于明代的朱纨。朱纨是明嘉靖年间的抗倭名将，清正刚介，敢于任事，接任浙江巡抚、提督闽浙军务之后，一改前任闽浙地方大员相互推诿、畏缩不前的局面，雷厉风行，严厉禁海，集中兵力搜剿海上商人势力，捕获海上商人九十多人，全部斩首示众。官府严禁海上贸易，片帆不准下海，危及到从事海外贸易的商人和下层民众的生计，他们才铤而走险，武装走私，即所谓亦商亦盗。朱纨的清剿震慑了人心，海上贸易的势头一下子被打压下来了，海上一片宁静，但下层百姓的生计成了问题，沿海乡绅的滚滚财源也被断绝了。于是朱纨成了众矢之的。闽浙沿海世家大户纷纷联络闽浙籍在京为官者参劾朱纨专擅滥杀，嘉靖皇帝遂将朱纨革职，把他手下的得力官员卢镗、柯乔逮捕下狱。朝廷之上对朱纨的喊杀声此起彼伏，朱纨明白，即便是皇上赦免了他，闽浙官绅也不会放过他，一年之后，朱纨写下绝命诗，“仰药自尽”。明代著名的史学家、一代名士王世贞对此有一个确当的评价，他说：“公（指朱纨）有文武才略，清强峭深，恶墨吏大猾如仇雠。……视事日，悉扫一切应酬，早夜申约束通海内地奸民。当是时，瓯、粤诸贵人多家于海，其处者与在朝者谋，务破败公（朱纨）所为。”[①]其中“诸贵人多家于海”，意思是闽浙籍官员、乡绅从海外贸易中获利者甚多，于是处者（指乡居的官僚）与在朝者（在朝官员）相互勾结，务除朱纨。朱纨之后，主政闽浙者对禁海多持观望态度，海外贸易再度繁荣。

入清之后，朝廷实行严厉的禁海，海商势力遭受灭顶之灾。康熙二十三年（1684）重开海上贸易，尤其是康熙四十六年（1707）放开双桅帆船的禁令，海上贸易开始繁荣。张元隆洋行正是在这个背景下发展起来的，受朝廷放开双桅帆船禁令的鼓励和海上贸易巨额利润的诱惑，张元隆制定了雄心勃勃的远洋船队发展计划，他要建造上百艘的海船，并以百家姓来命名。到张伯行查办他的时候，张元隆已经造成三十多艘巨型海船，进展非常顺利，足见张元隆财力之雄厚和贸易之畅通。

今天看来，海上贸易势力的崛起是历史发展的必然，是一个非常积极的现象，如果能够加以呵护，使其茁壮成长，那么我国将成功转型，并成为海上强国。那样的话，也可能就不会有后来的鸦片战争和一系列丧权辱国的不平等条约了。对于这股海上势力，张伯行查扣船只，抓捕人员，不予摧毁誓不罢休。如此说来，我们又该如何评价这位天下第一清官？

首先我们需要问的是：张伯行为什么要这么做？

在古代，地方官员最基本的职责有两个，一是消弭盗贼，维持秩序；二是征收赋役，上交朝廷。张伯行作为地方大员，守土有责，他必须确保江苏地方的社会秩序。江苏临海，陆上尚称安宁，但海上海盗出没，经常出现商船被劫的恶性事件，朝廷也屡屡要求地方督抚剿灭海贼。在着力勘定海疆的过程中，张元隆海商势力进入了他的视野。按照当时普遍的

① 王世贞撰，董复表编：《弇州史料后集》卷二十五，明刻本。

看法，在海上出没的海盗虽然神秘，来去无踪，但他们的根都在陆上，那么，经常出海的，除了渔民，就是海商。海商与海盗纠缠不清，他们可能亦商亦盗，也可能就是职业海盗。上海的张元隆势力强大，党羽甚众，难保他们不是海盗。而且，水师查获的余元亨商船的照票乃张元隆所领，登记的船员水手也都是上海、华亭的本地人，然而一经查问，发现几乎都是福建水手。当张伯行派人去查办张元隆的时候，张元隆又拒不见面，经办官员闪烁其词，这就更加重了张伯行的疑虑，所以他抓人扣船，一定要查清张元隆的底细。

张伯行坚决查办张元隆的第二个原因在于他们涉嫌贿赂官吏，官商勾结。噶礼出洋缉寇绕道上海，其海船多由张元隆提供，其铺设之奢华令张伯行震惊，其航线之诡秘令张伯行怀疑，随着调查的深入，张元隆的族弟张令涛浮出水面。虽然张伯行没有确凿的证据，但此人作为噶礼幕僚使张伯行对他们之间官商勾结、行贿受贿的行为深信不疑。另外，张元隆在上海、华亭等州县大量代领出洋海船照票，这种行为也使人怀疑他与州县官员之间的勾搭。张伯行说张令涛“纵非通洋，亦系豪恶”，他的怀疑是有道理的。毫无疑问，张元隆与包括噶礼在内的地方官员之间存在利益输送。当年海商的营商环境是恶劣的，面对地方官府的约束限制，他们最聪明、最经济的做法就是贿赂官吏。张伯行作为一个清官，身为封疆大吏，他在上任之初就下发了《禁止馈献谕江苏等七府一州示》，抵制贪腐之风、整饬官场生态是其不可推卸的责任，他不可能听任张元隆贿赂地方官吏而不闻不问。

张伯行与张元隆海商势力水火不容的另外一个原因涉及粮食安全的问题。在人口繁庶、粮食短缺的清代，稻米是关乎社会稳定的战略资源，米价是民生疾苦的晴雨表，确保粮食供应的充足和米价的稳定是张伯行作为地方官施政的重要内容，也是朝廷对他的要求。然而，海商外运的大宗商品除了丝绸、瓷器和茶叶，还有稻米，一船船的稻米沿长江、黄浦江水道运往海外，直接推高了当地的米价。康熙四十年（1701），江南市场米价每石不过7钱，相当低廉，五年之后，市场米价每石已经是1.7两了，翻了一番还多。究其原因，除了自然灾害导致的农业歉收，就是稻米外运了。康熙心腹、苏州织造李煦在奏折中归结为“贪利之徒贩米出洋”。都察院佥都御史劳之辨也认为：“江浙米价腾贵，皆由内地之米为奸商贩往外洋所致。”张伯行到任之后，就下发了《严禁贩米出洋示》，规定：“如有不法棍徒假冒客商串通奸牙贩户运买米粮出洋者，内地责诸地方有司，洋口责诸守口汛弁，并严加查察，一有发觉则立即拿究。”[①]

立法虽严，但因为张元隆们与地方官吏的利益输送关系，他们实际上很容易就把官府的制度诏令给化解掉，使这些规定徒具形式而已。而且，由于官商之间密切的利益关系，水师的营船和民船往往彼此混淆，相互借用。康熙五十二年（1713）九月，张伯行会同总督赫寿和提督、总兵等地方大员奉命到镇江查看水师，当他发现水师船只大小不一、船式参差不齐的时候，很是诧异。总督赫寿问营官：“营船与民船有没有区别？”得到的回答是“没有”。张伯行接着问：“如果没有区别，也就是说民船可以为营船，营船也可以为民船，是吗？”营官默然不应。张伯行联系到自己正在审理的张元隆案，“盖此时张元隆案内已供出将军家人吴良领票走洋”[②]。水师营船拿着张元隆的照票贩运稻米出洋未归，张元隆民船赴营充数。这是明目张胆的官商勾结，败坏规矩，图谋私利。

回去之后，张伯行陷入深思，如何彻底堵塞稻米出洋的通道呢？他意

① 张伯行:《正谊堂文集》卷三十九，《严禁贩米出洋告示》，清光绪二年刻本。

② 张师栻、张师载：《张清恪公年谱》卷下，《续修四库全书》，第554册，上海：上海古籍出版社，2002，第426页。

识到治理的关键是要把营船和商船、渔船区分开来，互不混淆。所以，他向朝廷上了《海洋商渔船只编号疏》，提出了区分不同类型的船只、整顿海上秩序的思路：将商船前后涂成粉色，其上刻上大的“商”字，两旁刻上某省某府某州县第几号商船，船户某人，刻写的字体用墨涂成黑色；将渔船也照此办理，两头分别刻上巨大的“渔”字。所有商船、渔船上的船户、舵工、水手、客商人等每人给一块腰牌，一面刻上持牌人的姓名、年岁、籍贯和住址，另一面画上此人肖像，以便盘问查验，庶几船不藏奸，米不出洋。出哨营船，前后刻上巨大的“营”字，两旁刻上某省某标某营第几号，捕盗某人，船篷上也写上“营”字，区别于商船、渔船，字体涂以朱砂。为严格对营船兵丁的管理，营船兵丁同样人人佩戴腰牌，其上写明持牌人信息。另外还特别规定：“渔船只许捕鱼，不得装运米酒下海，亦不许将海洋各样货物装载进口，如有不遵标记，及渔船装货者，严加治罪。”[①]他的这个建议得到康熙皇帝的赞赏，悉加实行，并且禁止渔船装载米酒下海的规定还写进了《大清律例》之中，成为朝廷法典。

尽管如此，张伯行明白：这只是治标之策，要真正宁靖海疆，还需从海商那里动手，张元隆虽死，张令涛仍在，张氏海商势力仍在，必须加以整肃。

更激烈的斗争还在后面。

为求真相参钦元

关于牟钦元的史料较少，从一些地方志得知，他是汉军正白旗人，监

① 张伯行:《正谊堂续集》卷一《海洋商渔船只编号疏》，《丛书集成初编》，上海：商务印书馆，1936，第167页。

生出身，康熙五十二年（1713）由按察使升任江苏布政使，成为张伯行的下属。他的传世著述有《唐诗排律》等，可知他是一位文雅之士。

按理说，牟钦元与张伯行以前没有交往，更无宿怨，牟钦元为康熙钦命，又雅好诗书，两人应该有很多的共同语言，友善相处，为何张伯行要参奏牟钦元呢？问题就出在张令涛案上。

张伯行复职后再审张元隆案，但进展极为缓慢，几乎陷入绝境。余元亨海船虽系张元隆代为发放照票，船上舵工、水手均为冒名顶替，但并没有足够的证据证明这些人就是海贼，如果定罪，就需要收集更多的证据。问题是不但进一步的证据无从搜集，就是关键人物张令涛也不知所往，始终无法缉拿归案，像从人间蒸发一样，导致此案久拖不决。然后是李崇御海船案，照票又是张元隆代发，而且船上舵工、水手与照票严重不符，船上金银堆积如山，钱从何来？是否抢劫赃物？此案在崇明县审理，张伯行曾派布政使牟钦元前往查验，但张伯行等来的却是金银已经不在的消息。那么多的金银不翼而飞？藏哪里了？张伯行深为震惊，自己好像深陷一个迷雾重重的陷阱之中，属下官员都在给自己设置迷阵，这其中包括布政使牟钦元。

而就在此时，上海人顾协一、闵三状告张令涛的案子又呈到张伯行面前，张伯行眼前为之一亮。据顾、闵二人提供的线索，张令涛在噶礼被革职之后，更名孙以仁，又投靠了新的主子，进入江苏布政使牟钦元幕府。张伯行又询问张令涛之子，得到了同样的供词。张令涛本是张元隆通海案的关键人物，至此，牟钦元又成为缉拿张令涛的关键人物。张伯行就向牟钦元要人，牟钦元矢口否认张令涛在其幕府，张伯行即下令搜查布政使衙门，但一无所获。

布政使牟钦元毕竟是从二品的官员，搜查布政使衙门本身就是一件大事，结果又一无所获，张伯行碰了一个大钉子。两江总督赫寿、江宁织造曹寅、苏州织造李煦等在苏官员都迅速知道了此事，并且五百里加急，把情况反映到了北京，康熙皇帝对此也是清清楚楚。张伯行这个跟头栽大了，形势开始对他越来越不利了。

张伯行不是一个轻易放弃的人，他坚信张令涛就在牟府。同时，他也感觉了自己的孤立，感受到周围的官员们，无论是上司两江总督赫寿，还是下级藩臬、州县官员都在抵制自己对张元隆案子的查处，都站在了自己的对立面。但他扪心自问，这些贪官污吏们与富商大贾沆瀣一气，勾搭连环，我一定要找到此人，把张令涛缉拿归案，让收受贿赂的贪官们受到惩处，还朝廷、百姓一个朗朗乾坤。

康熙五十三年（1714）五月，张伯行上疏参劾布政使牟钦元将张令涛“潜匿署中，似此豪棍抗官，布政使不行缉解，反为容纳，诚恐有误地方，不得不据实纠参”。[①]请求将布政使牟钦元暂行革职，以利于张令涛通海案的查办。康熙皇帝批准了张伯行的请求，把牟钦元暂行停职，由两江总督赫寿负责审理。而赫寿一直站在张伯行的对立面。

两江总督接手这个案子后，江苏官场很多人意识到事情正在发生转变，开始见风使舵，攻击张伯行。署理江苏按察使兼江苏粮道王英谋联合了一帮人出来使坏，胁迫顾协一翻供，说他以前控告张令涛的供词都是捏造出来的。在这种背景下，总督赫寿向康熙皇帝做了如下说明：上海县民顾协一因赎房控告张令涛，诬告他与海贼合伙。审问的结果是，顾协一并不能提供任何证据；搜查牟钦元衙署，并未搜到张令涛；再审张令涛之子，其子供称他的父亲已经前往湖广、福建。赫寿提议行文湖广、福建督抚缉拿张令涛。也就是说，没有证据能够支持张伯行的主张，这一结果对

① 《圣祖仁皇帝实录（三）》卷二五九，《清实录》第六册，北京：中华书局，2008，影印本，第5499页。

于他是非常不利的。但康熙皇帝很快意识到，赫寿的身份是两江总督，既是张伯行、牟钦元的上司，又是与他们一地做官的同僚，这样的身份是不适合审理牟钦元参劾案的。康熙五十三年（1714）十月，皇帝决定再派礼部尚书张鹏翮南下，在都察院左副都御史阿锡鼐的协助下审理此案。

张鹏翮再审大案

张鹏翮与张伯行颇有缘分，他对张伯行有知遇之恩。当年张伯行虽然考中进士，但在家候选一等就是七年，好不容易获得内阁中书的任命，父亲去世，回家守制，期满赴京，又迟迟得不到官缺，无奈又回到故园，招揽远近士子读书请见书院，那时的他已经无意仕途，决心授徒终生。河道总督张鹏翮发现了他，向朝廷鼎力推荐，张伯行得以效力河工，在张鹏翮手下办理河工事务。张鹏翮非常欣赏他的笃实、敬业和干练，几年后，再向朝廷推荐，张伯行得以出任山东济宁道，英雄有了用武之地。可以说，没有张鹏翮就没有张伯行的一番轰轰烈烈的事业，康熙皇帝也就不会知道他，更不会以“天下清官第一”相赞许。而且，张鹏翮也是一位著名的清官，康熙皇帝曾赞许他“一介不取，天下廉吏无出其右”。物以类聚，人以群分，按理说他们两人应该惺惺相惜，给予关照，但事实并非如此。当年张鹏翮审理督抚互参案，做出的判决意见是噶礼降一级、张伯行革职，这一判决明显偏袒噶礼，其倾向性非常清楚。当然，这其中或许有其他的原因。此次再来审理张令涛通海案，张鹏翮压制张伯行的倾向性更加明显。他和都察院左副都御史阿锡鼐于十一月抵达镇江，开始接手张伯行参劾牟钦元的案子。张伯行闻讯立即到镇江见二位钦差审案大人，等候案件审理，但张鹏翮并不审案，命令张伯行仍回苏州。回到苏州后，张伯行心里纳闷，就把参劾牟钦元案的始末以及相关的证据、证词整理成册，送往镇江张鹏翮处，以供参看。谁知张鹏翮并不理会这些，而是直接向康熙皇帝秘上奏折，参劾张伯行。他非常高明，没有顺着张伯行的思路去审问牟钦元到底有没有藏匿张令涛，而是直接追问到底有没有海贼。因为张伯行追查通海案的前提就是他们勾结海盗，肆行海上，阴谋叵测，如果最后证明根本就没有海盗，那这个案子就不用查了，直接给张氏兄弟恢复名誉，张伯行承担责任就行了。

康熙皇帝接到奏折后，就命令张鹏翮会同张伯行一起领兵，赴传言中海盗出没的地方去缉拿海盗，以验证海盗之有无。这道谕旨很有意思，海上有没有海贼，去看看便知，但海盗出没无常，哪里就正好遇上？这道谕旨对张伯行非常不利。事实上不用二张同往海上巡拿，两江总督赫寿闻听皇帝的这道谕旨后，迅即煞有介事地坐船往黄天荡转悠了一圈，然后报告说：张伯行所奏的海贼都是捏造，根本就没有海盗。形势对张伯行更加不利。

得到总督赫寿参奏张伯行捏造事实、妄称海盗的信息后，张鹏翮根本就不用再会同张伯行去海上查拿海盗了。康熙五十三年（1714）十二月，张鹏翮回京面奏皇帝，请求将张伯行革职。康熙问道：“你这次南下审案，可有口供？”张鹏翮迟疑了片刻，答曰：“尚没有问口供。”“如此，你来京师做什么？继续南下审理去吧！”康熙没有理会张鹏翮将张伯行革职查办的请求。

康熙五十四年（1715）正月，张鹏翮再次来到苏州，张伯行赶紧迎拜。张伯行跪地，张鹏翮宣读了圣旨。[①]之后，他非常不客气地对张伯行说：“皇上向你要海贼。”张伯行据实回答说：“海贼之事，你可以去审

---

① 按照张师载的说法，张鹏翮并没有完整地宣读圣旨，而是根据自己的需要，有选择地宣读，而且还有添加的成分。

查张元隆、张令涛通海案，我实不知海贼去处。”张鹏翮冷笑而去，回到了镇江。紧接着就密折参劾张伯行“捏造无影之事，屡以海中有贼诳奏”，请求将张伯行革职审理。康熙皇帝仍然没有同意张鹏翮将张伯行革职的请求。

张鹏翮仍不死心，康熙五十四年（1715）二月，他再次赴京面见皇帝，递上参劾的奏折，康熙不为所动。一个月后，张鹏翮第四次密折参劾张伯行，要求将其革除听审。康熙在三月十五日下发的谕旨中明显带有不满的语气：“张鹏翮等系特遣审理此案大臣，钦交事件应尽心审明原委具奏。海中如果有盗贼，张鹏翮等应同张伯行亲往贼巢查拿审明，若海中无贼，张伯行前奏不欺君之语乖谬显然。如此则事之是非自明，其有应行请旨之处宜具奏候旨审理。乃屡次前往，未能彻底审明，希图苟且完事，蒙混结案。今又请将张伯行革职严审，殊玷官箴。”[1]同时，康熙皇帝也要求张伯行明白回奏。

张伯行心里非常清楚，张鹏翮提出“有无海贼”这一问题就是要通过否定海贼的存在来从根本上推翻张伯行所审理的通海案，定其欺君罔上的罪名。这个罪名说多严重就有多严重，足以置张伯行于死地。所以他向朝廷提交的《明白回奏疏》突出强调两点：第一，张元隆、张令涛纵非通洋，亦系豪恶，对他们的查办证据确凿。他说：张元隆虽然已经病故（据州县上报），但金多党众，造船出海，人人可以冒名，处处皆能领照，使海上秩序失去控制，作为巡抚，守土有责，为绥靖海洋起见，稽查张元隆本无错误。张令涛作为元隆船行的重要成员，先有顾协一、闵三控告他党恶夤缘，后有其子供认他变换姓名，混入牟钦元幕府，张令涛在逃不能结

① 《圣祖仁皇帝实录（三）》卷二六二，《清实录》第六册，北京：中华书局，2008，影印本，第5527页。

案，参劾牟钦元证据确凿。第二，地方官员相互串通，翻云覆雨，对抗案件审理。江苏按察使王英谋、安徽按察使杨宗义胁迫顾协一翻供，否认以前关于张令涛的供词，并称是两省按察使会审的结果。张伯行抓住对方捏造的“会审”之说进行反驳：江苏按察使王英谋提审顾协一的时间是八月十日，而安徽按察使杨宗义早在八月六日已经进入文闱考场做监试，秋闱大典，杨宗义没有出考场审理顾协一的可能，王英谋也没有押解顾协一进入秋闱考场审案的可能，会审之说从何而来？“会审可以假捏，何事不可假捏？口供勘语俱不可问。”两省臬司阴谋勾结、欺骗上官一目了然。牟钦元受命查办李崇御一案，船上金银堆积如谷堆，牟钦元却报称金银全无，其串通张令涛，欺隐之情不辩自明。最后，张伯行把斗争矛头对准了钦差大人张鹏翮：“臣前蒙察审时，将张元隆、张令涛恶迹，并署臬司朦详情形俱经咨明钦差大人在案，……而审事大人将各犯悉为开脱，独参臣以妄诞自矜之罪。”张伯行既向皇帝说明了案件的大致情形，也明确指出了钦差张鹏翮的偏袒。

康熙皇帝看过之后，就把他的这份奏疏派人转给了张鹏翮。不久，张鹏翮参劾张伯行，请求将其革职严审的奏疏又一次摆在了康熙皇帝的桌案之上，这已经是他对张伯行的第七次参劾了。这次，皇帝批准了他的请求，张伯行革职听审。

康熙五十四年（1715）六月十七日，张伯行在常州营游击房世淳的押解下来到了镇江，由镇江营参将徐元勋看守于镇江城隍庙内。此时的张伯行不再是江苏巡抚，张鹏翮迫不及待，当天黄昏就开始升堂问案。张师载在《张清恪公年谱》中这样描述：张鹏翮“逼公认罪，多方摧折，公据实上供，大人俱掷下，如是者三日”[1]。张鹏翮机关算尽，最终定谳将张伯行判处死刑，秋后处决。在押解赴京途中，张伯行险遭夜乘舟船的覆没。

到了京师，在张鹏翮带领下，张伯行赴畅春园陛见。张鹏翮向康熙皇帝说：“他仍不认罪。”康熙说：“他原无罪可认。”乃临时安排他在南书房行走。这意味着康熙皇帝实质上已经否定了张鹏翮的判决，赦免了张伯行的“罪过”。受皇帝的眷爱和宽容，张伯行再一次逢凶化吉，遇难呈祥。

殚精竭虑古稀年

康熙皇帝真可谓知人善任，在张伯行以待罪囚徒之身觐见于畅春园之时，康熙就明确表达了要安排他到钱粮衙门任职的意思。张伯行一介不取，派他去户部钱粮衙门，再合适不过了。没过几天，户部仓场侍郎出缺，大学士王掞提议由张伯行出任此职，但朝廷上一片反对的声音。

康熙皇帝力排众议，传谕：“张伯行仍带革职，署仓场侍郎事，着效力赎罪。”康熙五十四年（1715）十二月二十八日，张伯行开始了在户部将近八年的仕途生涯。雍正元年（1723）九月，他升任礼部尚书，这一年他已经七十三岁高龄，两年之后，病故于任上。从康熙五十四年年末出任户部仓场侍郎算起，他在京官任上度过了生命中的最后十年。

相对于早期的偃蹇困顿和中期的跌宕起伏，他最后十年的仕途生活波澜不惊，这十年他去掉了当年那股惩贪除恶、一往无前的锐气，却更加笃实，埋头苦干，殚精竭虑，为朝廷耗尽了他最后一点力量。

---

① 张师栻、张师载：《张清恪公年谱》卷下，《续修四库全书》，第554册，上海：上海古籍出版社，2002，第430页。

仓场侍郎的全称是户部总督仓场侍郎，满汉各一员，“掌仓谷委积，北河运务”，不但负责运河北段的漕运，还负责众多仓库的谷物管理，保障京师官民的粮食供应，事务丛杂，责任畸重。仓场侍郎有两个衙署，一个在京城崇文门外，一个在通州。依据定例，仓场侍郎每年四月出巡通州，管理、查验北来的漕粮入库，九月回京办公。每年张伯行往来于京师和通州之间，兢兢业业。京师除了皇室、官僚及其家属、普通旗人，还有大量商人、市民，粮食需求量非常大，通州至京师，粮仓众多，粮食储备量非常之大，稍有不慎，就会霉烂变质，造成极大的浪费。张伯行经常穿行于各个仓场，察看督促，出陈易新，防止霉变虫蛀，辛苦异常。一旦出现轻微变质，立即减价平粜，减少朝廷损失。

出任仓场侍郎之后，随着业务的熟悉，张伯行很快发现了仓场管理中的贪腐问题。比如余米问题，仓场红斛进仓，平斛放米，一进一出，每石稻米实收1.25石，实放1石，盈余2斗5升，但仓库书攒只上报1.14494石，每石隐匿0.10506石。此数虽小，但通漕核算，每年约有30万石的余米，这不是一个小数字，而且这些稻米不知所终。张伯行一方面严禁非法支取，一方面决定向朝廷反映这一问题，康熙皇帝命户部讨论。

两个月后，部议一直没有结果，张伯行再次奏陈余米及相关问题。仓场中每年余米六七十万石，其中隐匿不报者30万石，谓之“飞米”，民间称之为“飞轱辘子”；又有长米二三十万石，谓之“旗丁交剩余米”，或者令旗丁领出，谓之“照米”，民间谓之“黑挡米”；或令旗丁卖于他人，谓之“买余抵补”。张伯行说，他到任之后，一概禁止非法支取，仓场累积余米堆积如山。若下一年依然这样，又增加30万石，仓场将无仓可储。

余米的问题其实行之已久，是仓场的潜规则，大家早已习以为常。如果加以剔除，势必会断很多人的财路，抵制者肯定不是一两个人，张伯行自然再一次把自己置于既得利益者的对立面。果然，首先站出来反对的是仓场满洲侍郎。接着，部议的结果也很明确：此事照旧，无须更改。张伯行的建议被彻底否定了。如果是五年之前，张伯行一定会坚决斗争下去，不会轻易改变自己的主张。但他毕竟经历了督抚互参案的磨难、牟钦元案的挫折，这次，他决定收其锋芒，息事宁人。仓场余米之事遂不了了之，一切照旧。

虽然无力除弊，但他尽其所能兴办于民有益的事业。仓场为漕粮存储之所，粮垛山积，有此稻谷正可以做一些赈济饥民的善事，凡遇饥荒，他总是尽力舒缓民困。康熙五十五年（1716）二月，张伯行刚刚就任仓场侍郎不久，通州、霸州以及天津等地因为上一年歉收，青黄不接，饥民四出，康熙帝谕令发仓米2万石平粜。张伯行立即奔赴通州仓场，开仓粜米，不时巡查各处仓库，严防盗卖弊端。接着又赴顺天、永平两府开仓平粜，饥民均沾实惠。

到七月份，永平知府谢赐履突然造访，与张伯行讨论社仓事宜。据谢赐履说：永平府原有社仓，春天赈济饥民之时，仓谷都已借出，很多饥民赖以不死。张伯行闻听大喜，这是他多年前在济宁、福建、江苏任地方官时着力做的事，他非常感兴趣，立即建议趁着秋收丰稔，多建社仓，并按照年景的好坏确定捐输的多寡，制定规则，每年出陈易新，使之良性运转。送走谢知府，他兴奋不已，坐下来给皇帝写奏折，条奏社仓事宜。他根据自己以往办理社仓的经验，结合永平县的实际，拟定了《社仓事宜十六条》。除了督率各乡镇建立社仓，他建议提留漕粮4万石于永平，建立常平仓，构建起由官府常平仓和民间社仓组成的救荒体系，并系统阐述了社仓运营的制度措施。

百姓温饱、天下太平是康熙皇帝多年孜孜以求的理想，他深知社仓乃古人的救灾良法，得人则兴，人去则毁，很难持久良性地运营。看到张伯行的这份奏折，康熙皇帝异常高兴，立即派张伯行到永平府指导社仓建设。当时正值秋收之后，粮食价格低廉，张伯行和永平知府谢赐履商酌谋划，劝民捐输，多建仓房，存储粮食，并给予捐输大户冠带表彰，由他们来负责社仓日常管理，同时，按照《社仓事宜十六条》的规定进行严格的督查管理，防止大户侵吞社仓稻谷，保证社仓良性运转。到第二年初，永平知府谢赐履向朝廷报告：各地捐谷3194石，初战告捷。在赴通州接驾时，张伯行见到康熙皇帝，就永平社仓的办理情况向康熙皇帝进行了细致的介绍，康熙皇帝深感欣慰。社仓、赈济、河工等事务关系到百姓福祉、国家安危，他往往是知无不言，很少顾忌直言不讳可能带来的风险。康熙六十年（1721）河决武陟县马营坝，康熙皇帝有旨：河南人有熟悉水势者，可以向朝廷提出治河建议。张伯行曾任河臣，熟悉河势，具折条陈治河策略。条陈中建议在沁河汇入黄河处修建闸坝，引沁河东流，至嘉祥县汇入运河，以利于漕运。这是他在济宁道任上就计划的方案，曾经向朝廷提出过，相关部门也做过初步的勘察，但因为他的去职而作罢。康熙看到他的奏折，非常重视，命令召开九卿会议，讨论张伯行的建议。会议开始，康熙皇帝首先让张伯行阐述他的方案，张伯行细致介绍了他引沁济运的设想，强调在嘉祥县建闸一座，水小则引沁入运，水大则下板导沁入湖。康熙在听完他的汇报后提出疑问：嘉祥县有山，如何行水？张伯行迟疑了片刻，说："臣前任济宁道的时候，曾经派人仔细察看，那个地方可以看到旧有河道的形迹，高下应该不成问题。"康熙说："现有地图，可以查看。"康熙指着地图说："这不是嘉祥县的山地吗？"皇上的求实精神使他汗颜，更使他惶恐，只得如实禀告："臣当时不曾实地勘察，只是听属下说的。求皇上赦罪！"当时就有人不愿意了，满人兵部侍郎牛钮上奏说："张伯行不知河务，只据纸上陈言妄奏，该治罪。"康熙皇帝笑了笑，宽容地说："他所说有是，有不是，毕竟是他留心，即书亦是他看过的。你们有谁留心过呢？”会议结束后，工部尚书陈元龙上前对张伯行说：“我在朝廷快四十年了，遇上皇上召对，诸大臣与皇上说话都是谨小慎微，或者含蓄不露，或者讷讷不言，从未有像您这样剀切直言的。真是钦佩，钦佩啊！所谓上下交泰而臣能尽言，于今日才看到，信然！”我们于此感叹康熙皇帝宽容的同时，更感佩张伯行的忠诚、耿直与敢言。

张伯行为官，无论是早年任职地方，还是晚年任职京师，一般都不带家眷。他的老母亲耿太夫人一直在仪封老家，由儿媳奉养。康熙六十年（1721），耿太夫人生病，他知道后，连夜撰写奏疏告假省亲。一路上日夜兼程，赶回家里。十六年没有在娘床前行孝，晚上，张伯行就睡在老母亲的床边，服侍母亲汤药，娘俩有说不完的话。一晃七八天过去了，张伯行又该走了，他离京时受康熙皇帝之命绕道武陟县察看马营坝决口情形。母亲拉着儿子的手，依依不舍，嘴上却又催着儿子赶快踏上行程。老人佝偻着身子，颤颤巍巍地一步一步给儿子送行，眼泪模糊了双眼。此情此景，铁石心肠也会潸然泪下，张伯行跪在地上，给母亲磕了三个头，忍着泪，告别母亲，踏上了去往武陟县河工的路程，然后回京供职。虽然家有老母，但他十六年勤于王事，没有能够回家看一眼老母亲，更遑论给老母亲端上一碗汤、沏上一杯茶。忠孝不能两全，张伯行的敬业精神令人肃然起敬。

正是清廉、忠诚和勤勉笃实的品格，张伯行受到皇上始终不渝的信赖和表彰。他于康熙五十四年（1715）接任户部仓场侍郎，五年后皇帝特旨补授户部右侍郎。在他出任户部右侍郎之后，吏部按规把他原来担任的户部仓场侍郎一职开缺，准备再选新人担任此职，但吏部的这个疏本被康熙皇帝留中了。康熙告诉吏部：“仓场紧要，自然仍是张伯行管理。”户部右侍郎除了日常工作，最主要的职责是负责钱法事务。仓场事务本就繁重，钱法管理同样复杂，张伯行一身兼两任，可见康熙皇帝对他的信任和依赖。张伯行当然知道这一点，“感激皇恩优渥，竭力图报”，以70岁衰病之躯负责朝廷如此繁重的事务，朝乾夕惕，勤勉辛劳，不敢懈怠，各项事务办理得井井有条。

康熙皇帝在世时，常常赐给他松花砚等物品，又赐给《康熙字典》《周易折中》等书籍，以示恩宠。康熙六十一年（1722）正月五日，皇上举行了盛大的千叟宴，宴请老年大臣，年纪同样老迈的康熙皇帝在乾清宫兴致勃勃地与大臣们聊起了家常，其间盛赞张伯行，他说：“凡为大臣，当仰体君心，惠爱百姓。如张伯行为巡抚时，凡地方情形、米麦价值皆不时奏闻，是真能以百姓为心者也。”这是对张伯行崇高的评价。

雍正皇帝即位，张伯行已经72岁，但依然受到重用，升任礼部尚书。雍正皇帝给予张伯行很高的礼遇，隔三岔五都会赐予一些物品，根据《张清恪公年谱》的记载，先后赐予的物品有先帝素珠、人参、松花砚、眼镜、荷包、鼻烟壶、紫金锭、离宫锭、鲜荔枝、鹿、羊、鸡、鱼、番薯粉、挂面、瓜果、凉帽、蟒袍、纱缎锦、貂皮等，还前后两次赐予御书“福”字。雍正元年（1723），雍正皇帝赐给张伯行扇子一把，扇面上写着四首咏竹诗，书法刚劲洒脱，为雍正御书。

其一

莫轻丛筱绿荫滋，迸笋方抽嫩玉枝。

结实他年臻瑞物，最宜栽向凤凰池。

其二

几竿清影映窗纱，筛月梳风带雨斜。

相对此君殊不俗，幽斋松径伴梅花。

其三

不厌东溪绿玉君，天坛双凤有时闻。

一峰晓似朝仙处，青节森森倚绛云。

其四

一溪流水玉娟娟，溪上修篁栖暮烟。

谁倩能诗文与可，笔端移得小江天。①

这四首咏竹诗分别是北宋韩琦、明代吴孔嘉、唐代陈陶和金朝庞铸的咏竹诗。竹子象征着高雅、气节，“相对此君殊不俗，幽斋松径伴梅花”，雍正皇帝以竹子比喻张伯行，可见对他的充分肯定和极高评价。

在张伯行尚未升任礼部尚书的时候，朝廷对其曾祖、祖父、父亲三代有过封赠。按照当时的规定，张伯行为正三品的户部侍郎，封赠祖先应按照正三品进行。雍正皇帝特批，给予其三代先人正一品的封赠。恩荫子弟，侍郎应该得到三品的荫生，而雍正特旨，给予一品的荫生。当时他的儿子张师载刚刚中举不久，按照这次恩典，张师载直接候补员外郎。正是这个恩典，使张师载绕过了艰难的会试，直接进入了仕途的快车道。后来张师载历官安徽巡抚、河道总督，跟这次恩荫有着密切关系。

在所有奖赏中，张伯行最为看中的是雍正皇帝赐给他的一方匾额，上书四个大字：礼乐名臣。他一生读书不倦，讲论理学，躬行理学，整理、刊刻先贤著作，兴办书院，奖掖后进，力图建立一个孔孟所憧憬的礼乐社会，雍正皇帝用“礼乐名臣”四字来表彰他的一生，是对他最高的奖赏，是对他为人、为官的充分肯定。

雍正三年（1725）二月十五日，张伯行的生命走到了尽头，就像一盏油灯耗尽了油脂，行将熄灭。半夜，他慢慢清醒过来，吩咐儿子张师载准备笔墨，代书遗疏。这就是张伯行传世的最后一篇作品——《遗疏》。

---

① 张师栻、张师载：《张清恪公年谱》卷下，《续修四库全书》，第554册，上海：上海古籍出版社，2002，第442页。

臣中州鄙儒，由乙丑科进士，授内阁中书，历任济宁道、江苏按察使，特简福建巡抚，莅任三年，改调江苏。臣赋性迂直，不能协和同官，屡干吏议，蒙圣祖仁皇帝曲赐保全，署理仓场总督事务，旋转户部右侍郎。恭遇皇上登基以来知遇之恩，升授礼部尚书，一品龙章，荣及祖父，恩荫下逮臣子，奉命祭告，恩假回家，钦赐御书衣帽食品，种种异数，感惕交并。臣念隆恩难酬，恋主情切，虽年已七十有五，不忍乞休回籍，不料此月十五日忽得痰症，延至十六日夜半，愈加沉重，医药罔效，犬马之年已尽，而报主之心未已。仰见我皇上圣学圣治，媲美隆古，尧仁无所不被，舜智无所不周，伏愿圣情王心懋加无已，崇正学，厉直臣，厚糈以养廉吏，明法以惩贪员，宽裕温柔，发强刚毅，为千古第一首出之君，绵亿万载无疆之福，臣不胜拳拳祷祝之至。谨奏。①

之后，他又嘱咐师载善事祖母。至傍晚，一代清官张伯行于京邸寿终正寝，走完了他一生不平凡的路程。

① 张伯行：《正谊堂文集》卷二《遗疏》，《丛书集成初编》，上海：商务印书馆，1936，第31页。

张伯行是一位理学家，是清代著名的理学名臣。民国初年徐世昌主持编纂的《清儒学案》专列《敬庵学案》，介绍张伯行一派的理学思想，可见他在清代理学史上的地位。

明清儒者论学，先说宗旨，为学宗旨是学者的得力处，体现其学术特点。在给学者毛乾乾的信中，张伯行讨论了这一问题。他反对毛乾乾“格物为宗旨”的观点，阐发了他从朱熹那里悟出的学术宗旨：主敬以立其本，穷理以致其知，反躬以践其实。“读书不体贴向自己身心上做工夫，虽读尽古今天下之书，亦无益也。”[①]他还引用明代理学家薛瑄的语录强调学问要切于身心，以进一步阐发这一宗旨。毛乾乾，字心易，诸生，绝意科举，筑室庐山，以讲学为生，精通数学、历法、音律之学，于西学多有研究，与著名学者谢廷逸、梅文鼎等往复问学，影响很大。对于数理化等自然科学的讨论被古人称为格物致知，晚清民国把物理学称为格致学就是这个传统。毛乾乾不是一位纯粹的理学家，他的学问以格物为宗旨，正与他的研究对象密切相关。他深受西学影响，学术眼界要比张伯行开阔很多，所以他未必会接受张伯行的批评。这是清代前期理学与西学的对话，我们可以勿论，但他们之间的讨论有助于我们理解张伯行的理

① 张伯行：《正谊堂文集》卷六《与毛心易》，《丛书集成初编》，上海：商务印书馆，1936，第78页。

学思想。他是康熙时期程朱派理学的重要代表人物，学宗程朱，注重切于身心的反躬践履。

要深入理解张伯行的理学思想，我们有必要先大致了解一下当时的学术背景。

明初朱元璋、朱棣父子尊崇程朱理学，并确立了它在学校教育和科举考试中无可置疑的权威地位，程朱理学的地位如日中天。但日久弊生，程朱理学逐渐沦为科举考试的教条，了无生气。到正德年间，王阳明横空出世，以致良知之学相倡导，学者闻风响应，声势轰动朝野，心学崛起。王阳明大量吸收了禅宗本性自足的思想因素，强调心即理，心外无物，仁义礼智之良知不假外求，自在本心，格物自然也不在于向外求知，而在于正心诚意。这种顿悟式的学问清新活泼，张扬个性，但同时也为无根的游谈和激进的狂论开了方便之门，导致了晚明思想界的虚浮和混乱，紧接着是大明王朝的覆亡。士子们追寻明亡的原因，认为正是阳明后学的束书不观、游谈无根的空疏学风导致了大明王朝的灭亡，导致了大明衣冠的沦丧。不管这种学术误国的论调多么偏颇，但在当时成为一种颇具影响力的流行性观点，王阳明和他的心学成为众矢之的。

于是，清初的思想界出现了明显的转向：阳明心学受到激烈的批判，程朱理学的正统地位得以回归，学界风气也由空疏转向笃实。在朝廷，康熙皇帝就是一位程朱理学的倡导者，他博览群书，有着很深的理学素养，极力维护程朱独尊的学术地位，认为程朱的思想言论“全是天地之正气，宇宙之大道”。他的思想倾向性对当时的学术风气具有极大的影响。同时，顺、康两代，在朝有熊赐履、李光地、魏象枢、魏裔介、冉觐祖、张烈、陆陇其等人，在野有陆世仪、张履祥、吕留良等人，他们鼓吹程朱理学，声势浩大，如风行草偃，主导了当时的思想界。

张伯行正是在这样的思想环境中成长起来的理学名臣、程朱理学的后劲之士。

重道统力辟陆王

明代理学极盛，理学名家指不胜屈，其中既有学宗程朱的曹端、胡居仁、薛瑄、罗钦顺，也有开心学一代风气的陈献章、王阳明，既有猛批阳明心学却又不觉身在王门的顾宪成、高攀龙，又有遵守阳明心学矩镬而尽力修正的刘宗周、黄宗羲，既有风动天下的王龙溪、王汝止，更有掀翻天地的何心隐、李卓吾，真正是名贤辈出，百家争鸣，程朱理学的权威性被彻底动摇。到明清之际，朝代鼎革，学界兴起了一股回顾、总结理学学术史的潮流，涌现出了大量的学术史著作，著名的有周汝登的《圣学宗传》、孙奇逢的《理学宗传》、黄宗羲的《明儒学案》、熊赐履的《学统》、魏裔介的《圣学知统录》、万斯同的《儒林宗派》等。张伯行也撰有《道统录》等书，又辑先儒言行《伊洛渊源续录》，阐述他的理学道统观。

张伯行有着非常强烈的道统意识。就像佛教的《传灯录》，儒学史家也把儒学道统拟定出一个前后相续的授受系统。张伯行特别尊崇宋代的周敦颐、张载、二程兄弟和朱熹，认为理学是由周敦颐、张载开创于前，二程接续于后，再有朱熹集其大成。南宋之后的道统传承，张伯行甄别甚严，在众多的理学大儒中仅仅选择了许衡、薛瑄、胡居仁和罗钦顺四人，这四人都是程朱理学的纯正传人。

张伯行一尊程朱之学。本体论上，朱熹认为理是形而上的道，是太极，是世界的本源，太极而生阴阳，阴阳生五行，五行生万物，所以理是世界的本源，但理不能自生万物，理与气合而万物生。作为天地之灵的人也是一样，理与气合而生人，人禀理以成性，得气以成形，所以人都有天理之善。人之所以有贤有愚，乃是因为所秉之气不同，得其清者为圣贤，得其浊者为愚夫。在工夫论上，朱熹以烧火作比喻，要先吹火，再加薪，火才旺盛，饭才能做熟，儒者修养，居敬如吹火，穷理如加薪。穷理即是格物致知，今日格一物，明日格一物，用力之久，而万物之理与我性中之理一旦豁然而贯通，我性之上所蒙蔽的私欲则完全除去，德明善至的境界就来到了，也就臻于至善。要达到这一境界，需要在格物致知上勤奋努力，时时居敬穷理，处处省察克制，无丝毫懈怠，持之以恒，久久为功。这大概就是朱熹理学思想最核心的内容了。张伯行几乎是全盘继承了朱熹的理学思想，“居敬以立其本，穷理以致其知，反躬以践其实”，这其实就是对朱熹理学思想的高度总结。其中的“居敬”可由朱熹上溯至二程，是张伯行学问的前提和基础。他自号“敬庵”，正说明了这一点。

尊崇程朱之学的同时，张伯行激烈地批判陆王心学。他认为危害圣学最烈的大敌有两个，一个是异端，一个是俗学，异端又以陆王为渠魁，必须彻底批判，灭绝其道而后已。康熙五十四年（1715）江南海盗案，张伯行被张鹏翮判处斩监候，奉命赴京，康熙皇帝曾经当面问他：“你是众大臣中以究心理学而闻名的人，你说说看，如今讲理学的还有其他人吗？”张伯行以冉觐祖对：“臣乡有冉觐祖，是遵程朱之学而不辟陆王的。”皇帝遂云：“前辈不辟他也罢了。”张伯行听出了皇帝的意思，但他没有顺着皇帝的话来附和，相反，他倔强地说：“论人品自然当尊敬他，但论学术则不可不辨，恐怕这些异端思想贻误后学。”康熙皇帝皱了皱眉，把话题转到了别的问题上去了。康熙皇帝的话都不能打动他，可见他批评陆王心学的决心和意志。

清初的思想界，陆王心学虽然受到猛烈的冲击，但学宗陆王者仍然不乏其人，在野的有中原孙奇逢、关中李颙、浙东黄宗羲，在朝的有汤斌、崔蔚林、李绂等人，还有很多人尊崇程朱，但并不批判陆王。思想观点的严重分歧在康熙年间引发了激烈的争论，其中最为引人注目的是围绕新修《明史》是否立“道学传”以及王阳明传记的处理等问题所进行的争论。张烈撰写《王学质疑》，痛批陆王心学，与庇护王阳明的毛奇龄唇枪舌剑，激烈辩驳，浙东大儒黄宗羲也参与到这场辩论中。张伯行对于张烈的《王学质疑》大加赞赏，称其为暗室一炬，中天白日。在那篇为重刊《王学质疑》所撰写的序言中，张伯行不但批判陆王心学，还对调和朱陆的观点进行了抨击。他这样写道：“顾犹有为调停两可之说者，叩之，则曰：学者尊所闻，行所知，尊朱而不辟王可也。何用呶呶焉逞笔锋舌剑，效辩士之所为？呜呼！是何言也？夫欲入德者之必先屏绝淫声美色也，夫人而知之也。既屏绝矣，又必日亲正人贤士，受其箴规药石，磨砻攻错，日久而后底于成，亦夫人而知之也。今曰尊朱而不辟王，是何异欲亲正人贤士而复任淫声美色之日濡染于耳目之前，谓可以不拒者拒之也。有是理乎？”[①]在他的理解中，程朱为正宗，陆王为异端，彼此之间水火不相容，没有调和的余地。

他的论学之友多属程朱学派。冉觐祖学宗程朱，中州八先生之一，是他多年的挚友。他早在康熙二年（1663）就已经以解元（全省乡试第一名）中举，但此后并不以仕进为急务，而是沉浸于文史之中，广征博引，撰成《四书集注详说》《五经详说》《孝经详说》等书，卷帙浩繁，著作等身。他又受登封耿介之邀，于著名的嵩阳书院授徒讲学，名闻中州。到康熙三十年（1691）辛未才成进士，三年后授翰林院检讨，此时，张伯行正好在京师任内阁中书，有机会和冉觐祖相往来。因为是河南老乡，又都是学宗程朱的理学士人，尽管年龄悬殊，却大有相见恨晚的感觉，遂成

① 张伯行：《正谊堂续集》卷四《与毛心易》，《丛书集成初编》，上海：商务印书馆，1936，第222页。

忘年之交。不久，两人都因故离职回乡，张伯行在仪封创建请见书院，寓书相邀，冉觐祖慨然应允，主持书院讲习，远近负笈来学者有一百多人，教授之余，两人切磋学问，辩疑问难，成为中原理学史上的一段佳话。而后，张伯行宦游四方，冉觐祖乡居授徒，两人书信往来不断。张伯行自谓受教于冉觐祖甚多："赖先生之教，颇识义利之辨，明于正邪之分，是以数被摧折而志不回，屡遭困厄而信愈坚，不至嗒然自丧以处于污壤之地者，皆先生教诲之力也。"[①]由此可知，两人亦师亦友，张伯行受教于冉觐祖者很多。相比之下，冉觐祖学宗程朱但不辟陆王，张伯行学宗程朱而痛批陆王，思想更为偏激一些。

客观地讲，张伯行理学思想创新之处不多，这或许与其注重传述的观念有关。他曾写过一篇论文，讲述他对孔子"述而不作"四字的理解。在他看来，孔子所删定的六经没有一篇是孔子的创作，都是尧、舜、禹等历代圣贤传下来的文献。正是孔子的传述，使得上古的圣道得以传承并发扬光大，孔子的传述居功甚伟。二程表彰并提高《论语》《孟子》《大学》《中庸》四书的地位，朱熹继之而为四书作集注，从而使儒学进入一个新的发展阶段。是程朱善述孔孟，进而传承尧、舜、禹、汤、文、武、周公之道。他有一个今不如古的历史观，认为无论是才智还是德行学问，后人不可能超越古圣先贤，对圣人传承下来的圣经贤传只能传述，不能怀疑，不能篡改，不能另起炉灶造作新说。正因为如此，他把精力主要放在对圣贤典籍的整理和编辑上。通过对周敦颐、张载、二程和朱熹著述的节选和注解，编成《濂洛关闽书》；又对程朱著述进行分门别类的摘录而成《续近思录集解》；通过对张栻、吕祖谦、黄榦、许衡、薛瑄、胡居仁、罗钦

---

① 张伯行：《正谊堂文集》卷十二《祭冉永光文》，《丛书集成初编》，上海：商务印书馆，1936，第156—157页。

顺等人著作的摘抄，编辑成《广近思录》。《伊洛渊源续录》是他辑录的朱熹师友、弟子嘉言懿行的汇编；[①]《性理大全》是明初胡广奉敕编纂的官书，是宋代理学著作和理学家言论的汇编，有明成祖朱棣亲自撰写的序言。张伯行怪其采择不精，重新加以修订，删其驳杂，又续入元明理学家许衡、薛瑄、胡居仁、罗钦顺等人的言论，编成《性理正宗》。《小学衍义》是张伯行任福建巡抚期间，由鳌峰书院师生从书院所藏经史子集中辑录往圣先贤嘉言善行，模仿朱熹《小学》一书，编辑的一本儒学入门书。综上，我们可以发现，张伯行著作等身，但其中最多的是对宋明理学家著述的编辑整理。

但这并不是说张伯行亦步亦趋，完全没有自己的观点，事实上，他对一些理学基本问题的认识不同于朱熹，有其独到见解。他曾撰《著述说》，文中他列举了四个事实：朱熹尊崇二程，但朱熹对二程的四书注解做了很大的修正；朱熹之书，其中有朱熹未定之论，有门人记录之讹；朱熹主张“文字频改则愈佳”，其《四书章句集注》曾被反复修改，所谓“日日改，月月改，年年改”；《大学·诚意章》为朱熹绝笔，《中庸》《论语》《孟子》等书的注解，朱熹所没有修改的尚有很多。由这些事实，张伯行得出结论：“大凡前人之说有未妥者，不妨从而改正之，前人之说有未明者，不妨畅快言之。此为前人之所未发，前人当必得我而快意焉。”“发朱子所未发，而朱子亦必快意于我之有斯言，又何嫌乎？”[②]这其中还是显示出张伯行的革新意识。

---

① 朱熹有《伊洛渊源录》，记录了程门师徒间的言行，到明代成化年间，谢铎收集朱熹师友、弟子言行编纂《伊洛渊源续录》，稍后，宋端仪撰《考亭渊源录》，薛应旂又扩充重编，张伯行对这些著述均不满意，重新选录编辑而成其《伊洛渊源续录》。

② 张伯行：《正谊堂文集》卷九《著述说》，《丛书集成初编》，上海：商务印书馆，1936，第118页。

以下是张伯行关于本体论的两段文字：

> 天以气生人，即命之以理，理不在气之外，人人得气以成形，即得理以成性，性亦即在气之中。①
>
> 人禀阴阳五行之气以生，而太极之理具焉。命之于天，成之于性，性无不同，而气禀则有清浊之异，智愚贤不肖之分途于此。②

在朱熹那里，理、气二元，理在气先，世界的本源在于理，太极生阴阳，阴阳生五行，阴阳五行生形而下的物质世界，而万事万物皆禀太极之理。张伯行在这里所说的“天以气生人即命之以理，理不在气之外”“人禀阴阳五行之气以生，而太极之理具焉”，也就是气外无理，气在理先，理随气生。这明显不同于朱熹的理气观，如果说程朱的观点是客观唯心论的话，张伯行则更接近于唯物论。

躬行实践见真知

尽管如此，但坦率地说，张伯行在学理上的创新确实不多，后人在撰写中国哲学史，乃至清代哲学史的时候，他往往被忽略不计。但张伯行仍然无愧为清代重要理学家，因为他的理学成就不仅仅在于学理，更在于躬行实践。受清初思潮以及中原理学传统的影响，他束发读书之时就显示出不尚浮华的倾向，日后逐渐形成重视践履的理学思想。在长期的为学做官经历中，他以敬立身，反躬自省，无一日不在践履孔孟之道，其中有顺境，有逆境，有进益的喜悦，也有失败的磨难，甚至有令人难以忍受的折

① 张伯行：《困学录集粹》卷一《丛书集成初编》，上海：商务印书馆，1936，第4页。

② 张伯行：《正谊堂续集》卷四《性理正宗序》，《丛书集成初编》，上海：商务印书馆，1936，第216页。

辱，但无论如何，他都一直在持守自己对于理学的信仰，在对理学的践履中一步步接近圣贤，成为浑身洋溢着浩然之气的大丈夫。

实践是一门大学问，实践出真知，在这个过程中，他逐渐形成了一套关于理学实践的思想，值得我们深入地总结和学习。这些思想散见于他的文集之中，也闪烁于他几十年的仕宦生涯中，大致可以概括为以下三个方面。

第一，切于身心。圣学不明，一在异学，一在俗学，这是张伯行屡屡提及的问题，令他痛心疾首。所谓异学，主要是指释道二教和陆王心学，所谓俗学，则是指世俗读书人对功名利禄、声色货利的孜孜追求。相对于异学，俗学更是难以克制的大敌。

天下熙攘，皆为利来，普通读书人所追求的不过是自身的名利而已，一生汲汲遑遑，忙忙碌碌，最终不过为名所累，为利所累，不知真正的学问为何物。张伯行把俗学分门别类，进行了细致的研究。有的人记诵诗书辞章，掇拾先儒牙慧，徒然为口耳之学，夸耀于人前以为博学，细究其实，则一无所知。有的人沉湎辞章，雕琢语句，吟诗作赋，其实与圣贤之道相去甚远。这两类人说到底，不过徒为虚名，是为俗学。更多的人则是汲汲于科举考场上的金榜题名，掇青拾紫，他们所学完全是为应付科举考试。书自书，我自我，道自道，己自己，四书五经所承载的圣人之道被视为与自己没有关系，有关联者只有举人、进士的功名，只有高官厚禄的荣华，举世皆然。他痛心地说："今世之学者，父所以教其子，师所以昭其弟，不过举业已耳。"[①]所以就有人问他：那是不是学为圣贤就不要再参加科举考试了？张伯行断然否定，科举是实现士人人生价值的重要途径，肯定是要参加的，但问题是你以升官发财为目的，还是以闻道、行道

---

① 张伯行：《正谊堂文集》卷六《答同年陈宫詹》，《丛书集成初编》，上海：商务印书馆，1936，第67页。

为目的。以升官发财为目的，追求声色货利，则虽读圣贤书，圣贤之道不在你心中，是为俗学败德；以闻道、行道为目的，则读圣贤书，圣贤之道融入灵魂，切于身心，致身尧舜，日臻于圣贤之境，才是正学。况且，每日汲汲于科举未必能考中，每日汲汲于圣贤之道，未必考不中。

张伯行批评俗学有着强烈的现实针对性，读书为功名，功名为做官，做官为发财，举世皆然，其谁能改变？张伯行是少有的清醒者，虽然“举世皆浊而我独清，众人皆醉而我独醒”的状态是令人痛苦的，然而他并不灰心，他要大声疾呼，如雷雨前的一声霹雳，唤醒士人，使士林一归于正，重建往圣的盛世。

理学讲的是圣贤之道，追求的是学为尧舜，这似乎遥不可及，但张伯行强调道在眼前，不在高远。尧舜之道，孝悌而已，孔子之道，忠恕而已，这些并不难做到。所以，道不必求之高远，不必索之幽深，而只需要在日常布帛菽粟中体验，在父子、夫妇、兄弟、朋友之间追求。一切认为圣贤之道遥不可及者，都只是不为也，非不能也。关键在于用心，把书本上所读所学记在心里，融入行动，切于身心。

切于身心，是从学到行的核心，是张伯行躬行实践的总把手。在他看来，切于身心，就是要使所学圣经贤传真正落实到自己心里，对自己的心灵有所触动，有所改变。正如先贤所说：未读诗书时是这个人，读了之后依然是这个人，便是未曾读。读书明理，把圣贤教导默记于心，融化于魂，见之于行动，行出圣贤之道，使自己的整个生命为之改变，焕然一新，便是真正的切于身心。

那么，如何做到使圣道切于身心呢？

我们统观张伯行言论行事的历史痕迹，大致可以用“一敬二克”来概括。

“敬”就是他反复强调的“居敬以立其本”，是学问的根本。敬是诚，是孟子所说的“必有事焉”的一种心理状态。通俗地说，敬就是把孝悌忠恕等圣贤之理存于心中，时时警策自己，保持高度之觉知，常存此道而不松懈，常行此道在日常生活中，久而久之，孝悌忠恕的道理融于心中，成为自己生命的一部分，这就是切于身心。

居敬需要先明白居敬的道理，而要明白居敬的道理，需要先读书。张伯行强调，读书才能明理、知孝悌，才能在日常生活中把孝悌行出来。为此，他反复强调读书明理，也大量刻印程朱一派的文集语录以供士人阅读学习。

“二克”，就是克欲与克情，这已经超出知的范围，进入行的境地。

所谓克欲，是指克去一切声色货利的欲望。这个易说难行，一般的士人，读圣贤之书，谋发财之道，口谈道德而念切纷华，言称先王而行同流俗，所以谓之俗学。张伯行以居敬为本，时常提醒自己，努力践行孝悌忠恕的道理，孝养父母，哺育儿女，居官一文不送，也一文不取，官俸微薄，就用家里的收入补贴官用，即便人在陋巷，一箪食，一瓢饮，也持守不改初衷。忧道不忧贫，一般人不容易做到，唯其不易才显示出士人风骨，才体现出切于身心的境界。

所谓克情，是指管理、调控自己的情绪。人禀理与气而生，有天理之性，有气质之性，并非纯然天理，所以日常生活中人会有不可控制的情绪产生。《中庸》讲“喜怒哀乐之未发，谓之中；发而皆中节，谓之和”，如何控制自己的情绪，使之达到中和的境界，这是理学修养的大学问。他常常以吕祖谦为榜样，笃志力行，克制情绪。吕祖谦本来性格急躁，动辄发怒，看到令他不满的社会现象就猛烈抨击。有一天他阅读《论语·卫灵公》，看到“躬自厚而薄责于人，则远怨矣”，突然联想到自己急燥易怒的性格，深自痛悔，平时愤愤不平之气烟消云散。之后修身也好，讲学也好，都强调秉性气质的转变，滞固者变为疏通，顾虑者变为坦荡，智巧者变为率直，没有转变，终是欠缺省察克制的工夫，终是学问不到家。张伯行以此为表率，临深履薄，时时警醒，时时反思，变化气质，涵养未发之中，追求已发之和。这是张伯行切于身心的躬行学问。

从克去声色货利的物欲，到变化气质，张伯行在居敬中努力使所学融入自己的心灵，切于身心。

第二，崇尚事功。清初是一个学以致用、崇尚实学的时代，张伯行从小在这样的思想环境中成长，深受濡染，推崇事功，渴望做出一番实实在在的大事业。

张伯行对事功，有着自己一番独到的见解。他喜欢刊刻先人文集，积累既多，他把所刊刻的文集按照立德、立功、立言和气节四部进行分类。立功部内，有蜀汉的诸葛亮，唐代的陆贽，宋代的韩琦、范仲淹和司马光等，都是事功英伟、彪炳史册的大英雄。

一篇《隆中对》，足见诸葛亮的战略远见，一篇《出师表》足见他的赤胆忠心。诸葛亮自从隆中出山，辅佐刘备，延续汉祚，定天下三分之势，又六出祁山，试图一统天下，虽出师未捷，但其盖世功业令人称叹。更使人高山仰止的是他的德性、他的忠诚，他对道的体验。虽然他生于“学术不明”、霸道横行的时代，但他“非淡泊无以明志，非宁静无以致远”的名言正是悟道之言，与儒家圣贤之道相暗合。

陆贽，文采斐然，思维缜密，是唐德宗时期著名官员。德宗逃亡期间倚之如左右手，大政方针多出其谋划，为德宗朝立下了汗马功劳，然而其为人耿直，疾恶如仇，受到裴延龄等奸邪小人的陷害，最后被贬，抑郁而终。陆贽居官本于圣贤正谊明道之旨，自言一生上不负天子，下不负所学，为张伯行所敬服。

韩琦，历相北宋仁宗、英宗、神宗三朝，稳定边塞，发展经济，于北宋数十年的繁荣富庶多有贡献，欧阳修评价他“临大事，决大议，垂绅正笏，不动声气，而措天下于泰山之安，可谓社稷之臣”[1]。韩琦度量宽宏，朝廷议政时有人厉声相攻，韩琦不以为意，依然神气平和，等到此人气定，韩琦才心平气和重新讨论，不打击，不报复，人人钦佩。张伯行感叹韩琦的度量正是圣贤气象。

张伯行渴望像韩琦、陆贽那样成就自己的丰功伟业，所以，职责所在，他总是竭尽全力，勤勉不懈，恪尽职守。无论是河工效力，还是济宁任职，他不遑启居，风里雨里奔走于河干，督率工程。同时，他留心地势高低，河道流向，又广泛参考历代治河书籍，撰成《居济一得》，成为运河管理和漕粮运输的指南性著作。之后，在福建、江苏巡抚任上，他关心民瘼，整顿仓政，广行赈济，并撰写《再奏设立社仓并附条例折》《请酌拨库银买米平粜疏》等奏疏，对积储、赈济等事宜详细谋划、周密部署，成为赈济救灾的经典性文献。还有在督抚互参案中他不畏强暴、敢于斗争的反腐败精神，这一切都可以看出他成就不朽事功的努力。事功与德行不可分割，事功以德行为基础，德行体现于事功之中，这正是他德业兼顾的事功观的体现。

第三，直己而行。张伯行对于圣贤之道怀有一种强烈的信仰。主敬以立其本，穷理以致其知，反躬以践其实，如果把他的思想比喻成一座大厦的话，诚敬是其根基，反躬实践就是柱子。诚敬是程朱一派士人修养的主旨，它直指人心，洞彻心灵。读书明理，敬以存之，固守天理所赋予的道心，摒弃气质所赋予的人心之私，找回原本的莹然无瑕的真己。常守这一赤子之心，时时警醒，最终落实到日常生活、工作的行动中。正心诚意以修身；父慈子孝以齐家；居官各地，勤勉不懈，恪尽职守，廉洁奉公，一

---

① 欧阳修：《相州昼锦堂记》卷四十《居士集》，《欧阳修诗文集校笺》，洪本健校笺，上海：上海古籍出版社，2009，第1038页。

文不予，也一文不取，一本于忠孝仁义之道。这就是张伯行所讲的直己而行。

直己而行，一股儒家理想主义的气息扑面而来。然而，理想与现实之间存在着巨大的差距，在为了道德理想直己而行的过程中，他历尽坎坷，饱受磨难。

暂且不说日常的家庭生活和戚友相处，只说在官场之中，张伯行已经感觉自己与同僚的格格不入。对一般士人来说，读书自然是为了科举考试，科举自然是为了步入仕途，做官自然是为了富厚尊贵。天下熙攘，声色货利，官场之中物欲横流、贪赃枉法、鱼肉百姓已是司空见惯，能够谨守官场潜规则而不逾越者已经算是清廉之士。阿谀奉承，投机钻营，迎来送往中收受贿赂、结党营私，这些更是见怪不怪的官场文化。青莲可以出淤泥而不染，但青莲无知，人毕竟有情，身处如此污泥浊水之中，张伯行竭力保持自己的清廉，追求自己的道德理想，常常心力交瘁，内心经受着痛苦的煎熬。他能明显感觉到来自上司的嘲讽和压制，明显感觉到来自同僚的异样的眼光和有意的疏远，也明显感觉到下级官僚对他的阳奉阴违、软抵硬拖。他自己感叹："志于古必戾乎今，谨于独不谐于众……直己而行，动辄得咎。"[①]

但即便如此，他仍然不改初衷，为官做事，但求上不负朝廷，中不负所学，下不负百姓，直己而行，百折不回。这正是他的可贵之处。

考中进士后，他奉命回乡，静坐读书，座师及在京豫籍官僚的关系一概不走，一文不予，七年后才以内阁中书的小京官入仕。父亲亡故，回乡守制，丁忧期满，他北上京师候补。别人都在找门路、走关系，谋求肥

① 张伯行：《正谊堂文集》卷六《复师提督书》，《丛书集成初编》，上海：商务印书馆，1936，第69页。

缺，而他直己而行，一文不予，吏部报到后静静等待，一等就是大半年，一直没有等来吏部的通知。无奈，他决定收拾行囊，打道回府，即使无缘仕途，他仍然直己而行，不改初衷。效力河工数年后，得到张鹏翮的推荐，他终于获得正四品的济宁道的官职，赴京陛见。这次吏部选司官员直接索贿，张伯行依然是直己而行，一文不予，陛见就被无限期地拖延下去，若非康熙皇帝亲自问起，恐怕补官之事又要搁浅了，但张伯行并不后悔。

刚刚莅任济宁道，就遇上山东特大灾荒，张伯行受命帮办汶上县、阳谷县赈济，眼看着灾民扶老携幼，鸠面鹄形，辗转沟壑，惨不忍睹，而官仓中尚有粟米，只是未接到上官的正式公文，州县官员谁也不敢擅动。虽然济宁道隶属河道系统，并不是山东地方官员，但救命要紧，心急如焚的张伯行果断命令开仓放粮，赈济灾民。他的这一行为触犯了山东地方官员的利益，遭到了他们的弹劾，这险些断送了他刚刚开启的仕途。但他直己而行，并不后悔。

就任江苏巡抚之后，他陷入了更大的困境之中。作为一位耿介清廉的理学官僚，他对江南官场习气极为不满，上任之初就下发了《禁止馈献谕江苏等七府一州示》，整肃官场，然而，他很快就陷入被动之中。江苏不比偏远的福建，江南作为繁庶之区，权力关系错综复杂。作为江苏巡抚，张伯行要受两江总督的节制，除此之外，江南地方还有正一品的驻防将军，又有隶属于内务府的苏州织造、江宁织造，皆为皇帝派往江南的亲信耳目重臣，手眼直通天庭。在这样的环境中，各人都在编织着自己的关系网，珠宝金银、美女古玩在隐蔽中不断地流动着。张伯行一文不予，令总督、将军和两地织造另眼相看，而他的禁止馈献的告示以及他一文不受的清廉作风又令下属官员们以异样的目光来看他。很快，他被孤立了，两江总督噶礼压制他，下属官员抵制他，行政不灵，无所作为，他陷入了深深的痛苦之中。他在给友人的书信中感叹："才与世疏，用与时违。理之所是，事之所可，我以为当行也，而人或以为不当行。理之所非，事之所否，我以为不当行也，而人或以为当行。既不能同寅协恭以慰圣怀，又不敢同恶相济以虐苍生，碌碌因人，毫无善状，尚可眷恋依违，虚受朝廷之爵禄哉？"[①]

直己而行，动辄得咎，然而，他对圣贤之道看得真，信得深，一国非之而不顾，天下非之而不顾，他发誓坚守圣道，决不会作践自己，自甘堕落，同流合污于世俗官场。既然世事难为，上不能有益于国，下不能有益于民，利不能兴，害不能除，那就干脆辞职吧，著书立说、教授乡里犹可不昧天良，直道而行。

然而，辞呈被康熙皇帝否决了，张伯行必须面对强势的总督噶礼和染缸一样的官场。当科场大案东窗事发，他受命共审此案的时候，他不愿意挑起同噶礼的争端，他知道噶礼的势力，知道督抚恶斗给他带来的风险。但他还是向朝廷发出了奏疏，弹劾噶礼！于此可见他直己而行的气概，其中不仅体现着他对圣道坚贞不渝的追求和践履，更充盈着令人肃然起敬的勇气和风骨。

气节与"直己而行"相伴相随，不可分离，一旦离开了气节，"直己而行"则馁矣。张伯行对此有着深刻的认识，所以他崇尚气节。

张伯行博览经史，熟悉掌故。尚论古人，他崇拜不食周粟饿死首阳山的伯夷叔齐，崇拜吟诵着"人生自古谁无死，留取丹心照汗青"而英勇赴义的文天祥，崇拜忠义冲天的抗元义士谢枋得，崇拜刚正不阿、敢于直言犯上的石介，崇拜杀身成仁的方孝孺、痛骂权奸严嵩的杨继盛和弹劾

---

① 张伯行：《正谊堂续集》卷五《答宋藩司》，《丛书集成初编》，上海：商务印书馆，1936，第230页。

魏忠贤的杨涟。他广为搜集，把文天祥、谢枋得、石介、方孝孺、杨继盛和杨涟等人的文集重新刊刻付梓，归为一类，取名气节部，与立德部、立功部、立言部文集相并列，成为完帙。在张伯行眼中，从远古传说中的伯夷叔齐，到明末的杨涟，这些人光芒四射，辉耀在数千年历史星空中，指引着中国人的前行道路。他们担当纲常，维持名教，承载着忠孝仁义、礼义廉耻，是道的化身。不仅如此，他们身上更洋溢着舍生取义的勇气和精神。当国家承平之时，他们硬着脊梁，不为物欲所诱，不为世俗所牵，持守心中的圣道，默默然为一耿介之士；当国家危难的关键时刻，当群小恣肆、日月不明的隐晦时刻，他们明明知道一木之微不足以支撑欲倾大厦，寸心之赤难达乎莫回之天，但依然百折不回，其壁立千仞、泰山岩岩的气象令人高山仰止。

张伯行浸淫其中，为这种刚正不阿之气所折服，充溢既久，遂成自我精神的一部分。正因为如此，他才会在面对噶礼强权的时候，为了心中的圣道，为了还士人以公道，为了良知的安宁，将生死祸福置之度外，毅然决然参劾噶礼，挑起了惊动天下的督抚互参大案。他明白，他所挑战的是权臣，党羽众多，心狠手辣，在写给友人的书信中，张伯行多次讲道："自古以来触犯权奸，没有能够免于祸害者。"但既然选择了直己而行，他就早已置生死于不顾了。这是内心忠义的外溢，是逼人心魄的风骨，是铁骨铮铮的气节。富贵不能淫，贫贱不能移，威武不能屈，这是他最为崇拜的一句话，他用生命为孟子的这句名言做了最好的注解，也用生命彰显了直己而行的本意。

教化天下是儒学的基本品格。昔日周公制礼作乐，以礼乐教化天下。孔子生于礼崩乐坏的乱世，汲汲遑遑，周游列国，为的是受到重用，重建西周的礼乐秩序。虽然处处碰壁，理想不能实现，但他并不灰心，退而整理典籍，授徒讲学，讲明仁义之道，以图重建礼乐文明。明知其不可为而为之，其精神令人敬仰。颜曾思孟继承儒家传统，以孝道教化天下，以正心、诚意、修身、齐家、治国、平天下为推行教化的基本路径。迄于宋代，诸儒崛起，倡言天理，儒学进入理学的新阶段，濂洛关闽以至于朱熹，得位者致君尧、舜，推行教化，不得位者著书立说，阐明圣道以教化百姓，或隐或显，或进或退，无不以教化天下为己任。这就是儒学的传统。

张伯行身为孔孟之徒，苦心躬行的理学家，自然也以教化天下、移风易俗为己任。古代儒家士大夫教化天下有不同的路径选择，蓝田吕氏以乡约教化乡里，王安石以保甲约束百姓，欧阳修、范仲淹等人则看重宗族的价值和意义，张伯行则独重书院教育。这自然与各个时代士大夫所面对的社会情势和社会问题有关，也与个人的学术背景、思想观念有关。张伯行生活于清代顺康年间，彼时社会安定，中原汉人已经认同了清朝的正统地位，众多士子又踏进了科举考场的大门。然而，令张伯行忧心忡忡的是，士子们青灯黄卷，铁砚磨穿，把忠孝仁爱的圣贤经典搞得烂熟，然而他们所追求的不过是功名利禄、声色犬马。

他们在学时渴望通达，渴望富贵，入仕之后便以投机钻营、搜刮民脂民膏为能事。故此，扭转社会风气、培育社会良俗也必须首先从士人学风抓起，书院教育也就自然成为张伯行移风易俗、教化社会的第一选择。

刻群书滋养世人

程朱理学派的修养方法非常务实，格物致知，首先是要读书。圣贤经典，读之既多，融会贯通，道自然明，理自然通。一个人没有食物的供应不能长大，一个学者没有经典的滋养不能成长，圣经贤传是士人学子的心灵食粮，也是整个民族的精神营养。培士气，行教化，舍此无由。

张伯行酷爱读书，也喜欢刻书。他的刻书始于济宁道任上，当时他负责运河河道的疏浚和水量的调剂，为了做好运河管理的工作，他一方面穿行于运河两岸，实地查看，与同僚、运丁、乡民交流治河经验，另一方面广泛收集和阅读治河书籍，向先人前辈学习。康熙四十四年（1705），他在济宁道衙署库房中见到了几片落满灰尘的书版，仔细审视，是明代胡瓒的《泉河史》，只可惜年代久远，散佚太多，了了几片，而且虫蛀鼠啮，已不能窥其十一。有书版，必有此书流传世间，于是他就留心访查，功夫不负有心人，终于一个书吏从家里拿来了一本已经破旧不堪的刻本。张伯行如获至宝，细心翻阅，发现此书对各处泉源、水量、流向、河道记载详明，对于运河治理有着重要的参考价值。于是他详加校勘，补其缺略，重新刻版付印。之后，他又在张秋公署访得阎廷谟《北河续记》的残版，补版印刷。

济宁的寻书、刻书活动使他意识到刻印书籍对于知识传承和思想传播的意义，也为他以后书籍的刻印积累了经验、奠定了基础。不久，他出任福建巡抚。作为全国雕版印刷业的中心之一，早在南宋，福建的印刷业就已经非常发达了，行业传统悠久，工匠人数众多，技艺高超，费用低廉，这在客观上为他刻印书籍提供了便利条件。

张伯行所刻印的书籍，除了《泉河史》《北河续记》等少数几本治河书籍，主要的就是儒学，尤其是程朱理学的书籍，其中以文集为多。莅任福州之后不久，他就开始着手雇请工匠刻印书籍，按照他的计划，要把先贤文集按照立德、立功、立言、气节进行分类，分别刊印。康熙四十七年（1708），立德部文集首先刻印完成，其中包括周敦颐、二程（程颢和程颐）、张载、朱熹、杨时、尹焞、谢良佐、罗从彦、李侗、张栻、黄干、真德秀、熊和、陈文蔚、许衡、吴海、薛瑄、曹瑞、胡居仁、罗钦顺等理学家的文集。康熙四十八年（1709）年底，张伯行调任江苏巡抚之时，立功、立言和气节部文集也陆续印成。立功部包括诸葛亮、陆贽、韩琦、范仲淹、司马光等人的文集；立言部包括韩愈、柳宗元、欧阳修、曾巩、王安石、三苏（苏洵、苏轼和苏辙）等人的文集，气节部包括文天祥、谢枋得、方孝孺、杨继盛、杨涟等人的文集，这些文集汇集了三十多人的集子。康熙四十九年（1710），他又陆续刊刻了石介、吕祖谦、崔铣、魏校、海瑞、汪循、蔡叆、陈瑚、陆世仪、张履祥、魏裔介、熊赐履、汤斌、耿介、施璜、吴曰慎、汪璲、应撝谦、魏象枢等诸儒文集。因立德、立功、立言、气节分类已定，书目已定，张伯行就把这些续刊文集另汇为一编，取名《历朝文集》。这时候张伯行已经调任江苏巡抚，原先聘用的刻版工匠多数随他从福州转至苏州，继续规模庞大的刊刻工作。文集之外，他还刊刻了先儒的一些单行本论著，如陈建的《学蔀通辨》、薛瑄的《读书录》、胡居仁的《居业录》、朱衡的《道南原委》、罗钦顺的《困知记》、陆世仪的《思辨录辑要》、张烈的《王学质疑》、陆陇其的《读礼志疑》《读朱随笔》《学问录》《松阳讲义》以及丘濬编纂的《朱子学的》等书。用功之勤，可见一斑。

除了重刊诸儒文集、论著，张伯行做得最多的是编纂、注解和分类辑录前代著述。其中有对程朱学派重要经典的注解疏证，如《濂洛关闽书集解》《近思录集解》《小学集解》等；有对先儒文辞、语录的辑录，如《性理正宗》《续近思录集解》《广近思录》等；也有对先儒著述分门别类的辑录，如《学规类编》《养正类编》《小学衍义》《诸儒讲义》《濂洛风雅》《唐宋八大家文抄》等。

最后是张伯行自己著述的刊刻。张伯行读书喜欢随手记录所疑、所思和所得，从康熙三十九年（1700）张伯行效力河工开始，他的著述日积月累，渐成巨制，辑成《困学录》《困学续录》各二十四卷，后又选取精华辑成八卷本的《困学录集粹》。他还有自撰文集《正谊堂文集》十二卷、《正谊堂续集》八卷，另有治河专著《居济一得》。这些著述也都陆续刊刻印行，洋洋大观，令人敬佩。

张伯行一生搜集、整理、辑录先儒遗著不遗余力，刊刻书籍也不遗余力。在京城任职户部和礼部的最后十年中，他又搜集了不少的先儒文集。雍正三年（1725）正月，他意识到自己的生命走到了尽头，已经无力再去刊刻手头的书籍了，就把儿子张师载叫到身边，指着那些稿本对他说：“这是我生平未了的事情，你千万记着，把这些书籍次第刊刻出来，不要有畏难情绪，不要辜负我的交托。”于此可见他的志向和持守。

对于他的刊刻群籍，当时有人很不理解，也很不看好，因为他刊刻的几乎都是正统的儒学著作，一般人望而生畏。在福建巡抚任上，就有人提醒他：“凡刻书，要先了解市场行情，了解时代好尚，老百姓所喜闻乐见。要刻就刻小说、戏曲之类市井百姓喜欢读的书籍，这种书籍销路好。刊刻一本正经的儒家经典、性理之书，有几人愿意去读、愿意慷慨解囊购买呢？”张伯行只是告诉这个人：“我只知道这些书应当刻还是不应当刻，至于有没有人读，有没有人买，那我就管不了了。”“他们不读，只是他们没有闻道，如果要寻求圣贤之道，舍弃这些书籍哪里有道路啊！”张伯行是福建巡抚，封疆大吏，是否有人敢、有人愿意这样跟他说话我们不得而知，但通过这段叙述可见，他正是要借此讲明他希望通过这些书籍的刊刻把士人引向忠孝仁义的大道，为士人，进而为世人提供正统诗书礼乐文化的滋养。但他也明白，仅仅靠刊刻圣贤书籍是远远不够的，必须借助书院的讲学来扩大圣学的影响力。

建设书院转风气

明清时期，府有府学，州有州学，县有县学，各级学校有官方任命的训导、教谕等教官，但实际上这些学校只是一个祭祀机构和生员青衿的管理机构，并不进行日常的教学活动，地方官员所主导的教学活动多是在书院进行。书院这种教学形式萌生于唐代，宋代达到了一个高峰时期，嵩阳书院、应天书院、岳麓书院和白鹿洞书院号称天下四大书院，士人云集，诗书弦歌，显示出文化教育的空前繁荣。明代中后期的书院教育更是超过宋代，达到了新的更高的水平。顺治年间，鉴于明末士人以书院为阵地，品评人物，议论朝政，酿成结党营私、宗社覆亡的惨剧，朝廷下发谕旨，严禁书院讲学，很多地方书院被毁。然而，振兴文教、化民成俗毕竟是地方官员的职责所在，到康熙初年，各地书院又渐次恢复起来。

张伯行极为重视书院。在他看来，通过书院师生的教授诵习，儒家圣贤之道得以讲明，经明行修之士崛起其间。这些人才或入仕为官，或乡居为绅，把忠孝道德、节义廉耻灌输于民间，风俗自然而然归于醇厚，所谓“倡之以文而化于文”，教化的效果是立竿见影的。之所以如此，是因为每个人本身都有天理之性，书院忠孝仁义的教化不过是恢复各人自有之明、自有之善，使人们在日常生活中各尽职分，从而天下雍睦熙和。但是如果没有诗书的诵读和讲论，则“人欲潜滋，天理澌灭，有沦于不肖之归而不自知者”[1]。那自然会恃强凌弱，卑欺尊，少犯长，纲常澌灭，天下大乱了。故此，欲厚风俗，人才不能不育，育人才，诗书不能不讲，讲诗书，书院不能不办，书院之于教化的意义是非常大的。

然而，这并不是说书院办了，诗书读了，风俗自然向善、人心自然归厚。他讲到江南，江南是人文渊薮，人才辈出，“我皇上御极五十二年，中间以文章大魁天下者，三吴之士居大半”[2]。但江南风俗仍然不免流于浇漓，原因何在？学问走偏了，不是走向俗学，就是流于异学。一般士人仅仅专注于功名利禄、富贵通达，诗书被异化为功名的敲门砖，士风不能不功利，风俗不能不刻薄。很多地方不是没有书院，但山长所讲，士子所习，不过是应试时文而已，完全是他所批评的功名利禄的俗学。而天分超迈者常常误入空谈心性的陆王心学一派。为防止俗学、异学毒害人性，他强调独尊程朱一派的学问，他在《紫阳书院碑记》中讲：“学者之所以为学，与教者之所以为教，当以紫阳为宗，而俗学、异学有不得而参焉者矣。”[3]这是他大力兴办书院的理念所在。

早在为父亲守制期间，他就开始延请当地进士傅其凡、举人绳其相为师，创设义学，有志于读书学礼的乡里少年都可以来此就读，不收学费，还提供免费膳食。康熙三十七年（1698），张伯行放弃候补，再度回到故乡，筹划创办新的书院。他在请见亭西侧购地二十亩创建书院。书院落成之时正值早春二月，他在院内植树数百株，又购买书籍数千卷，起名“请

---

① 张伯行：《正谊堂文集》卷九《鳌峰书院记》，丛书集成初编本，上海：商务印书馆，1936，第111页。

② 同上书，第112页。

③ 同上书，第113页。

见书院”[1]，聘请乡居的翰林院检讨冉觐祖为书院主讲，招聚同志之士讲习圣学。

张伯行在任职济宁道之后，又先后修建了清源书院和夏镇书院。清源书院位于临清，张伯行巡视河道，常常在此城驻扎。临清因运河而兴，商贾辐辏，货物山积，商业气息浓厚，但罕有读书之人，少闻读书之声。张伯行就召集州县官员及其僚属，各捐俸禄，修建书院，市廛商人闻听此事，纷纷解囊相助，很快清源书院就修建了起来。公务之余，只要有时间，他都要到书院之中与诸生讲道论文，研讨学问。赴任江苏按察使前夕，他担心书院在他走之后难以持久，就专程到临清，捐出二百两白银为书院购买田地，以提供日常运行的费用。仍然不放心，他又写信给东昌知府，叮咛嘱咐，望他管理好书院，不要使其荒废。

夏镇书院位于夏镇。夏镇是苏、鲁两省交界处的一个重要城镇，今微山县县城所在，运河穿城而过，有运河分司驻扎此地，是明清时期运河管理的重要枢纽。济宁道职司运河管理，夏镇自然也是张伯行常驻之地。张伯行率河道和地方官员捐资建成夏镇书院，檄令苏、鲁两省附近士人来此读书，使这个两省交界地方的边地小镇书声琅琅，人文蔚起。

鳌峰书院建于福州。康熙四十六年（1707），刚刚莅任福建巡抚不久，张伯行就在福州九仙山麓购地，创建鳌峰书院。从正门进去，便是宽敞的正谊堂，为书院师生讲文论道的所在，后面是祠堂，祠堂中供奉周敦颐、二程、张载、朱熹五位先贤的木主，祠堂后面照例建藏书楼，收藏有大量的经史典籍。“楼东有园亭、池塘、花卉、竹木之胜，计书舍

---

① 请见书院的名字源于《论语》。仪，地名，即后来的仪封县，封人，边界的守官，仪封人见到孔子后，宣布上天将以孔子为木铎，这是极其神圣的使命。仪封县的名字应该与此记载有关，仪封县的文人珍惜这种文化资源，修建请见亭以传承历史。张伯行在请见亭旁边修建书院，也以“请见”相命名。

一百二十间，明窗净几，幽阒弘敞。”[1]对于来学的士人，书院不但免费供应膳食和服装，还提供往来费用，待遇可谓优厚。鳌峰书院规模宏大，生徒众多，自从创建之日迄于清末，都是福建省的最高学府。

康熙四十九年（1710）三月，张伯行就任江苏巡抚两个月后，就来到了无锡的东林书院。东林书院是宋代杨龟山倡道讲学之所，晚明顾宪成、高攀龙加以重建，授徒讲学，评论朝政，声动朝野，誉满天下。张伯行在书院祭拜参观，发现殿堂瓦舍尚属完好，规模弘敞，只是教学活动付之阙如。于是他就邀请江南宿儒高愈、钱仲选、顾培、顾鳌等人来此讲学，士人闻风而来，数百年书院又闻琅琅书声。

然而，东林书院毕竟在无锡，与江苏巡抚的驻地苏州相距上百里，而这座人文甲天下的繁华之地却没有像样的书院，士人执经请业，都是在沧浪亭，而沧浪亭狭小卑陋，不足以容多士，这不能不说是一个很大的缺憾。鉴于此，张伯行着手在苏州筹建书院。由于江南科考案、督抚互参案等重大案件的影响，直到康熙五十二年（1713）十一月，紫阳书院才正式开工修建。次年三月，书院建成，由崇明县教谕郭正宗、吴江县教谕夏生管理书院日常事务。书院位于苏州闹市区，巡抚衙门之前、府学之后，书院的整个建筑布局同福州的鳌峰书院大同小异，前为祠堂，祭祀先儒朱熹，中间是讲堂，后面是藏书楼，两旁建有大量学舍。苏州府属各县、江苏各府以及浙江、江西、安徽、山东各省士人负笈而来，为一时人文之盛景。

念兹在兹，张伯行一生对于书院情有独钟，做一方官长，育一方人才，厚一方风俗。雍正二年（1724），张伯行奉命到曲阜孔庙祭奠先师孔

---

① 张伯行：《正谊堂文集》卷九《鳌峰书院记》，《丛书集成初编》，上海：商务印书馆，1936，第112页。

子，雍正皇帝给了他一个月的假期，让他顺便回乡探亲、祭祖。张伯行把儿时的同学和乡里的绅衿都请到家中，由两个儿子师栻、师载斟酒侍奉。儿时的同学此时都已是古稀老人了，感叹唏嘘之余，张伯行谈起请见书院，黯然神伤，不觉潸然泪下。由于他常年宦游四方，书院没人管理，早已荒废，院子里杂草丛生，人迹罕至，房舍也都破败不堪。他举杯向在座的举人刘学山说："我们要把请见书院重新恢复，让我们仪封重现圣学诵习的圣境，学老你为一乡之望，学问淹博，请见书院的重担我就交付给你了，这是培育后进、为国育才的大事啊！"然后，他转身对两个儿子语重心长地说："学老负责教授弟子，其他的一切俗务就交给你们弟兄两个了。"就这样，兴复请见书院的大计议定下来。第二年，张伯行去世，他的两个儿子在办完丧事之后，遵行父亲的遗命，修复书院，聘请当地举人刘学山主讲其中。可以说，直到生命的最后时光，张伯行还在努力推动书院教育的开展。

张伯行对书院的日常管理尤为用心。早在济宁道任上创办清源书院和夏镇书院的时候，就已经留意历代先贤学规，以朱熹的《白鹿洞学规》为基础，编成《学规类编》。朱熹之外，他极为重视宋儒胡瑗的经验。胡瑗是北宋初年著名的思想家和教育家，青年时代屡试不第，后毅然放弃科举，在泰州老家创办安定书院，授徒讲学，并制定了一套严密的学规，成效显著，受到范仲淹的重视。后来，由范仲淹推荐，胡瑗跻身仕途，成为太子的授业老师，其教学思想和学规成为中央太学的范本，影响深远。胡瑗把书院分为经义斋和治事斋，这对张伯行的书院教育实践影响很大。他又于朋友案头见到《程氏家塾读书分年日程》原本，视为珍宝，立即抄录而归，作为书院组织管理的参考。经过长期的摸索，他逐渐形成了一套治学理念和管理方案，这集中体现在他在苏州所撰写的《紫阳书院示诸生》和《紫阳书院读书日程》两篇文献中。

在《紫阳书院示诸生》中，张伯行吸纳朱熹、胡瑗的办学经验和实际做法，提出了八个方面的要求。

> 一、凡四子、五经，内圣外王之道备焉。朝廷所以特重明经之学者，非沾沾为士子取科名计。惟欲渐摩陶淑于其中，则气质自化，德行自坚，猝然为一代名儒尔。今之四子、五经，何人不读？却只视为纸上陈言，于我都无干涉，大失为学本旨。今与在院诸生约，每日早晨，先看四子、五经各一二章，务必逐字逐句于身心上体验，久之，默会心解，豁然贯通，举足动步，自然把捉得定，从此深造有得，以驯致于圣贤之域。其有词义深奥，未能理会者，即行札记，以便质问，此为学第一切要功夫。[1]

这一条是八条要求中最为核心的内容，是灵魂。四书五经是千百年不易的教科书，凡是士人，无人不读，然而很多人只不过把经书视为敲门砖，即以功名利禄为人生追求，诵经作文只是为了应举，与其内心、灵魂并无关涉。这是士风的最大问题之所在，也是淳人心、厚风俗的最大障碍，张伯行举办书院正是针对这个问题而来。问题提出来了，如何解决？张伯行的答案是四个字："切于身心。"每日读四书五经各一二章，务求明白文字所表达的意思，触动心灵，并贯彻于日常行为处世之中，不为物欲所迷惑，也不为人情所移动。这是为学最重要的功夫。

> 二、凡先儒诸书，所以继道统、明绝业，有功世教不浅。每见今之学者，才高意广，或肆意于诗文，或留心于象数，穷极心思，作为无益，自成童以至白首，于吾学毫无所见。思之诚堪痛惜。间有高明之资，可以入道，又阳朱阴陆，误入歧途，近世王学之害尤甚。希心顿悟，率天下而尽入于禅，其流祸曷

---

① 张伯行：《正谊堂文集》卷十二《紫阳书院示诸生》，《丛书集成初编》，上海：商务印书馆，1936，第158页。

有底止。余为此惧，谨纂先儒语录、文集不背于朱子者，得数十部。今尽发之书院，令诸生得以纵观。向日已经讲究者，睹此自然奋发，倘有蹈前所云，不妨尽弃旧学，一归于正路，久之，自然道心充长。否则日复一日，锢蔽愈深，正如罗豫章先生所云“错过一生者”，良可惧也。①

士人为学须警惕三条错误的道路，以免误入歧途。第一条，“肆意于诗文”，以诗词歌赋、雕琢辞藻为学问，而不知体悟真道；第二条，“留心于象数”，究心于术数、占卜风角等旁门左道，实际上于圣道一无所见；第三条，“希心顿悟，率天下而尽入于禅”，惑于陆王心学的简便，蹈空冥想，流于空虚。三条道路都足以使人偏离正道，错过一生。为此，他纂辑程朱派先儒语录、文集数十部，供士子浏览学习。

三、凡圣贤精义，讲论始出，若以一人之见，搜讨稽求，穷年累月，亦不能了了，所以独学无友，昔人所深病。今者英才聚集，正可互相咨访，毋执己见，毋徇俗说，总以虚心质证为主。虽在初学，亦可骤长一格。但恐群居终日，渐开谑浪之风，不但妨功，亦长恶习。当于一、六日齐集明伦堂上会讲，讲毕即退归各人坐卧处，细心研究，毋得彼此往还，浪费时日，庶几有益无损。②

提醒士人相聚共学，应该相互切磋，虚心学习，取长补短，不可相互戏谑，无所用心。为此，张伯行规定每月六天（初一、初六、十一、十六、二十一、二十六）师生齐集明伦讲堂，就某一问题各抒己见，相互问难，以求共同进步。这类似于今天的读书会、讨论会。

① 张伯行：《正谊堂文集》卷十二《紫阳书院示诸生》，《丛书集成初编》，上海：商务印书馆，1936，第158页。

② 同上书，第158—159页。

四、凡用世之道，学者所宜深究，昔范文正公做秀才时，便以天下为己任，看他气象是何等弘毅。今之学者时艺之外，茫然无知，侥幸一第，出宰民社，凡兵刑、钱谷、农桑、水利、民生日用之务，可修可举者，毫无定见，不得不听命于奸胥猾吏，在我不能操其柄，则居官仅以守府耳。今诸生未第时，乘此余闲，即当留心世务，淹贯博通，务在有裨实用，可以坐言起行，则今日草茅所论，定即异日之嘉谟硕画也。事孰有切于此者，故为尔诸生次及之。①

不尚空谈，留心世务，讲求“兵刑、钱谷、农桑、水利、民生日用之务”，以备将来报效朝廷，服务社会。

五、凡三、八日做时艺二篇、讲义一篇。时艺代圣贤口气发明道理，期于达意而止。若理不足而专求诸辞，其弊也。支离繁缛，斗声竞妍，为纤为杂为鄙倍，左支右吾，罅漏百出，不几于侮圣言乎？愿尔诸生悉除诸弊，以先辈大家文为式，余将采其尤者，刊刻流布，以树风声。至若讲义，既不顺圣贤口气，尤易发明书理，诸生宜各抒心得，大畅欲言，专在羽翼经传，不诡于道，则经学明而人心正矣。②

崇正道能否弃科举、废时文？张伯行屡屡批评以四书五经为功名利禄门径的科举俗学，但如果拒绝时文，排斥科举，又会怎样？那将使士人失去上升的途径。张伯行本身就是科举出身，他非常明白这一点。对他来说，唯一的途径就是把传道与授业、修德与进学结合起来，融圣贤之道于时文写作之中，也就是桐城派所说的义理与辞章的关系。所以，他要求书

① 张伯行：《正谊堂文集》卷十二《紫阳书院示诸生》，《丛书集成初编》，上海：商务印书馆，1936，第159页。

② 同上。

院学生每月逢三、八日做时文二篇，又附之以讲义，既阐发圣学，又练习时文，为科举做好准备。

六、学者之心思，日用则日出，不行札记，必致遗忘。昔张子著《正蒙》时，随处置笔砚一具，以便得意即书，故日积月累，以成此千古不朽之业，诸生倘心有所触，任其转盼即忘，究所得者何与于我。平日读古人书，见今人事，蓄积饶多，见解自别，偶有余功，或作经义录数则，或作治事录数则，务要明白显快，发前人所未及，录就呈阅，余将验尔诸生之实学焉。①

要求学生做经义录、治事录，或是读经，或是处世，每有心得就赶紧写下来，日积月累，可以成大学问。这其实还是引导士人把心思真正用到圣贤之道上，读书处世，用心思考，用心体会，把学问做实。

七、凡晏游交际，不但有妨正业，亦且渐长浮夸，孔子所以有佚游晏乐之戒，孟子所以有一曝十寒之惧也。曷思大禹圣人，尚惜寸阴，吾辈中人，当惜分阴，倘日务驰逐，呼朋引类，数往还，勤问答，此不过骛名之徒而已。书院中岂宜有此事？诸生自进院后，除月朔归家省亲外，不必出院，如有万不得已之事，必欲亲自料理者，诸生可亲自登记于所置簿中，某日某人以何事他出，事毕即进，庶乎入世之念浅，而入道之功深，亦即大禹不废寸阴之遗意也。②

加强书院的纪律，目的是使学生爱惜光阴，努力学习。

八、凡人之品望，由乎素养。偶有失足，物议随之，殊可畏惧。学宫卧碑，首重干谒之训，诸生读之，亦触目警心否？

---

① 张伯行：《正谊堂文集》卷十二《紫阳书院示诸生》，《丛书集成初编》，上海：商务印书馆，1936，第159—160页。

② 同上书，第160页。

余岂豫料诸生之必出乎此，而不得不深虑者，正以薰莸不同器，恐与匪类相遇，不便拒绝，声名从此顿丧，后悔无及。子曰：毋友不如己者。又曰：益者三友，损者三友，取其益者而弃其损，是在尔诸生矣，其毋怠。①

张伯行最厌恶干谒奔竞之徒。这种人不比浅学的人，一个人学问浅薄，见道不深，本质上可能并不坏，但这种奔竞之徒在本质上是道德败坏的人。禾稗不同生，薰莸不同器，如果任由这种奔竞之徒大行其道，正直廉洁的人就没有出头之日，所以他主张把这种不择手段、投机钻营的人排斥在书院大门之外。他曾经在给蔡世远的书信中讲到这个问题。蔡世远是福建漳浦县人，康熙四十八年（1709）进士，张伯行的老友蔡璧的儿子。张伯行创办鳌峰书院，慕名邀请蔡璧这位福建宿儒主持讲席，蔡世远当时已经是举人了，也受邀在书院中编纂群籍。蔡世远成进士后，曾经受邀主持鳌峰书院，张伯行的那封书信正是写于此时。在信中，张伯行讲道："比来士风不古，奔竞成俗，砥廉峻隅者盖十不获一二。倘书院立而若辈得厕足其间，殊足为有志者累。譬若蓬莠嘉禾杂然并产，收获必无望矣。似宜严加别择，察其品行之贤否以为去留，则教易施而得人之效速。"②正因为如此，他在紫阳书院中对诸生谆谆告诫，不但自己要崇德修身，砥砺品行，而且要择友而交，共偕大道。

《紫阳书院读书日程》要解决的是书院诸生读什么和怎么读的问题。读什么？经书、史书、古今散文和杂著共四类。怎么读？诸生于经书、史书"每日看某经某书，自某处起，至某处止"，潜思玩索，身体力行，每

① 张伯行：《正谊堂文集》卷十二《紫阳书院示诸生》，《丛书集成初编》，上海：商务印书馆，1936，第160页。

② 张伯行：《正谊堂文集》卷六《与蔡闻之》，《丛书集成初编》，上海：商务印书馆，1936，第71—72页。

有所得，都记录下来；除了经史，要选择有关世道人心的古今散文和像周敦颐《爱莲说》之类的隽永杂著以及诗词歌赋来诵读；诵读之外，就是练笔，提高写作能力和水平。用他的三句话来概括就是："诗书濯其灵腑，史籍长其精神，文章抒其见识。"[①]

《紫阳书院示诸生》和《紫阳书院读书日程》充分体现了张伯行举办书院的指导思想和管理理念，也彰显出他通过书院办学弘扬程朱学派，端正学风，培养贤良之才以敦厚人心、移风易俗的目的。

张伯行举办书院众多，培育人才，端正学风，是康熙年间著名的、卓有成就的教育家之一。一些地方官员举办书院，往往流于形式，但张伯行是以实力践行，殚精竭虑，以地方巡抚之高位亲临书院订立章程、考课诸生，谆谆教诲，殷殷期待，令人奋进。他虽反对以功名利禄为依归的俗学，但并不反对科举考试，崇道与科举兼顾，并不僵化。加上书院山长多为宿儒名士，管理制度又严，所以江苏、浙江、福建、山东等数省士人负笈而至，至书舍不能容纳。紫阳书院成为江南，自然也是全国著名的书院，康熙皇帝曾亲自赐予"学道还淳"的匾额。张伯行深谋远虑，把苏州水北庵数百亩寺田转给紫阳书院作为学田，使书院有了足以维持日常运转的经费，所以书院能够久盛不衰，绵延不断。紫阳书院，包括鳌峰书院，都是大师云集，人才辈出，比如乾嘉学派著名大师钱大昕主讲紫阳书院长达十多年之久，造就人才众多。乾隆皇帝为此以"白鹿遗规"四字予以表彰，后来道光皇帝还赐予紫阳书院"通经致用"的匾额。张伯行对江南的文教是有开拓之功的。

张伯行是笃实修德的程朱学派学者，手不释卷，又刻苦砥砺，廉洁自

① 张伯行：《正谊堂文集》卷十二《紫阳书院读书日程》，《丛书集成初编》，上海：商务印书馆，1936，第161页。

守，他以他的人格潜移默化地影响了众多士人。人们对此评价说："三吴文学之士，皆倾心诚服于先生，而四方之闻风来学者亦日众。……一时士风丕变，咸敛华就实，彬彬乎质有其文焉。"[①]此话不是虚言，他确实通过书院教育培育了人才，端正了学风，对于移风易俗，扭转社会浇漓的风俗起到了积极作用。

重家教童蒙为先

古人提倡修身、齐家、治国、平天下，齐家是联结修身和治国平天下的纽带和桥梁，张伯行与其他理学家一样，十分重视家庭的治理，重视子弟的蒙养。

在一定程度上说，齐家不一定比治国平天下来得容易。齐家之难，难在亲情，一家之内，人虽不多，不过夫妇、父子、兄弟而已，但骨肉嫡亲，耳鬓厮磨，往往以情掩义，很少有人能够真正做到中规中矩，这是齐家最难之处。正因为如此，张伯行非常重视《周易》之中的"家人"卦。"家人"卦由离与巽组成，离下巽上，根据历代《周易》专家的解释，巽为风，离为火，火下风上，风自火出，是由家及外之象。卦中六二（从下面往上数第二爻为阴爻"--"）、九五（从下面往上数第五爻为阳爻"—"）又有"女正位乎内，男正位乎外"之象。所以，"家人"卦的彖辞说："女正位乎内，男正位乎外。男女正，天地之大义也。家人有严君焉，父母之谓也。父父、子子、兄兄、弟弟、夫夫、妇妇，而家道正。正家而天下定矣。"[②]这其中的关键在于一个"正"字，做到了正，则家齐，

① 钱仪吉：《碑传集》卷十七，费元衡《诰授光禄大夫礼部尚书加二级赠太子太保谥清恪敬庵张先生行状》，北京：中华书局，1993，第516页。

② 周振甫译注：《周易译注》，北京：中华书局，1991，第129页。

家齐则国治天下平，何谓“正”？父子、夫妇、兄弟，每个人在家庭中都明确了自己的角色，并且按照自己角色应有的行为规范做了，那就做到了“正”，齐家自然也就实现了。“家人卦”中的爻辞进一步阐释，爻传第一爻（阳爻）说：“初九，闲有家，悔亡。”[①]这里面的“闲”是防止的意思，整个句子的意思是说在家里提高警惕，防止邪恶非为，就不会有悔恨。第二爻（阴爻）说：“无攸遂，在中馈，贞吉。”[②]“遂”为坠，过失的意思，“中馈”指家中饮食的事情，借指家务，整个句子的意思是说妇女在家中主持家务，没有过失，占问大吉。第三爻（阳爻）的《象传》说“妇子嘻嘻，失家节也”[③]，意思是说妇子嘻嘻，失去家规，最终会败乱家庭，走向衰败。统而言之，家人卦给出了以“正”齐家的方法和途径，那就是凡事有规矩，以家庭规范来治理家庭。这是张伯行从《周易》家人卦中学到的智慧，是他齐家思想的核心内容。

张伯行大力倡导家规建设，期望由此达到敦人心、厚风俗，进而天下大治的目的。当他看到蔡世远编纂的《漳浦蔡氏家矩》的时候，异常兴奋，大加赞赏，认为这部家规“上而祖父高曾，下而家人妇子，以至于居乡居官，举凡宏纲细目，准之而宜，推之而国而天下，无不肆应而允协，是直朱子之功臣”[④]。

“风会之升降污隆，非儒生之责而谁责与？”他以转变世风为己任，脚踏实地，亲力亲为，努力促进家规建设。还在福建任职的时候，他就搜集到明初理学家曹端的《家规辑略》，并校订刊刻，在民间推广。《家规

① 周振甫译注：《周易译注》，北京：中华书局，1991，第130页。

② 同上。

③ 同上。

④ 张伯行：《正谊堂续集》卷四《漳浦蔡氏家矩序》，《丛书集成初编》，上海：商印书馆，1936，第220页。

辑略》大量吸收了浦江义门郑氏的家规家范，并广采诸家之说，斟酌折中而成，是一个非常好的家规本子，但张伯行犹感不足，又采择先儒治家训言中易知易行的部分，编辑而成《家规类编》，刊刻发行，以期敦睦家风，教化百姓。

在家庭的治理中，他最重视的则是童蒙教育。

子女是家庭的未来，子女教育关乎家庭的盛衰，也关乎国家的兴衰和社会的秩序，子女蒙养也因而成为张伯行敦厚家风、推行教化的优先考虑之事。他说，天地养万物，圣人教百姓，幼年是一个人社会化的关键阶段、行为方式形成的奠基时期，这一时期耳濡目染所习得的思想观念、行为习惯影响一生。“知未萌者习与知长，心未纷者化与心成”，他肯定人人都有天理之性，在没有受到外界不良风气毒害之先，在没有被物欲蒙蔽之前，就接受圣贤之道的熏陶，纯洁的心灵沐浴在圣学的光亮之中，良好的道德品质和行为习惯就与孔孟之学一同增长，用力省而效果好，省却多少复性功夫。所以他在童蒙教育方面做了很多基础性的工作。

首先是为朱熹的《小学》一书作注，刊刻印行《小学集解》。《小学》是朱熹和弟子编纂的一部启蒙读本，以立教、明伦、敬身、稽古为纲，父子、君臣、夫妇、长幼、朋友、心术、威仪、衣服、饮食为目，教给幼童洒扫、应对、进退之节，爱亲、敬长、隆师、亲友之道，收放心，养德性，使他们从小明白做人应该有的样子，为学习《大学》之道做好铺垫。但世俗重视科举，一般幼童跳过《小学》直接去读四书五经了，《小学》实际上是很不受重视的。入清后，康熙皇帝特别表彰《小学》一书，钦颁海内，这本书开始受到重视，书肆中出现了数十种注疏的本子，但驳杂不堪，与朱熹著书本意相去甚远。于是张伯行集各种注疏的可取之处，以“敬”字为核心，突出以身实践，重新加以注疏，著成《小学集解》。

其次，他又仿照朱熹《小学》纲目体例，编纂《小学衍义》一书。以

“衍义”二字来命名这本书，是明显受真德秀《大学衍义》以及丘濬《大学衍义补》的影响，他希望以此来接续朱熹的童蒙事业。在创建鳌峰书院之后，张伯行购置经史子集数千卷置于藏书楼，让诸生阅读的同时，把其中可以作为儿童蒙养教材的嘉言善行抄录下来，日积月累，获得了很多的资料。张伯行按照明伦、敬身、稽古的体例进行纂辑，编成《小学衍义》八十六卷。

再次，他又编纂《养正类编》，作为《小学衍义》的补充和完善。《养正类编》除了把朱熹《小学》囊括其中，还收录了很多的童蒙文献，如《朱子童蒙须知》《文公训子贴》《陆桴亭论小学》《屠羲英童子礼》《沈龙江义学约》《王虚中训蒙法》《程若庸性理字训》《学海津梁》《吕得胜小儿语》《吕新吾续小儿语》《吕新吾好人歌》《塞北五首示儿》《望江南五首示儿》等，另外还辑录了大量的先儒嘉言懿行，按照“孝子类”“悌弟类”“睦族类”“积善类”“勤学类”进行编排。在序言中，张伯行还就《养正类编》的使用对蒙师进行了指导：“为蒙师者宜于每日功课之余令幼童各书一条，贴于壁上，以便观览。一月三十条，则令写于课本，下月复然，一年之内，共得三百六十条，食熄起居，举目即是，不但记诵之熟将从容默会，久而自化，其所以观感而兴起者多矣。”[①]小学生把先贤好的语录、好的行为书写贴于私塾的墙壁之上，每日一条，诵读熟悉，积少成多，一年就是三百六十条。这实际上是给学生创造了一个潜移默化的学习环境，熏陶既久，学生自化，不失为一个好的方法。

从《小学集解》到《小学衍义》，再到《养正类编》，我们在张伯行于童蒙方面所花费的功夫可以明白他移风易俗的途径和策略，也可以理

---

① 张伯行：《养正类编》卷首《读养正编要言》，《正谊堂全书》，同治五年刻本。

解他对正人心、厚风俗的孜孜不倦的追求。

禁奢华敦厚风俗

风俗是民众在日常生活中所表现出来的生活习惯、礼仪规范、时尚潮流等，反映着民众无意识的道德伦理和价值观念。古人非常重视风俗及其变迁，认为它不仅作为一种社会环境影响着每一个人道德观念和行为习惯的养成，还关系到国家天下的治乱兴衰。所以，很早以前，官府就有“行人”“遒人”“轩车使者”之类的观风使采集民歌，了解民间风俗，以为施政的基础；同时，积极地以官方的礼仪制度影响民众，移风易俗。从古到今，世易时移，但儒家士大夫往往抱持一种历久不变的使命感，移风易俗、教化民众。张伯行就是其中的一位。

张伯行的移风易俗首重《圣谕十六条》的宣讲和贯彻。《圣谕十六条》是康熙九年（1670）十月皇帝颁布给礼部的一道上谕，其中讲道：

> 朕维至治之世不以法令为亟，而以教化为先。其时人心醇良，风俗朴厚，刑措不用，比屋可封，长治久安，茂登上理。盖法令禁于一时，而教化维于可久。若徒恃法令而教化不先，是舍本而务末也。近见风俗日敝，人心不古，嚣凌成习、僭滥多端，狙诈之术日工，狱讼之兴靡已。或豪富凌轹孤寒，或劣绅武断乡曲，或恶衿出入衙署，或蠹棍诈害善良。萑苻之劫掠时闻，仇忿之杀伤叠见。陷罹法网，刑所必加，诛之则无知可悯，宥之则宪典难宽。念兹刑辟之日繁，良由化导之未善。朕今欲法古帝王，尚德缓刑，化民成俗。举凡：
>
> 敦孝弟以重人伦。笃宗族以昭雍睦。和乡党以息争讼。重农桑以足衣食。

尚节俭以惜财用。隆学校以端士习。黜异端以崇正学。讲法律以儆愚顽。

明礼让以厚风俗。务本业以定民志。训子弟以禁非为。息诬告以全良善。

诫窝逃以免株连。完钱粮以省催科。联保甲以弭盗贼。解仇忿以重身命。

以上诸条作何训迪劝导，及作何责成内外文武该管各官督率举行，尔部详察典制，定议以闻。[①]

这个《圣谕十六条》只有一百来字，通俗易懂，言简意深，涉及面广，又最具权威，因而成为化民成俗的最经典的教材。州县文庙立有卧碑，读书士子人人背诵，即使在偏远的乡村，也由乡约耆老定期向村民宣讲。在实践中，为了取得更好的宣讲效果，张伯行檄令福建所属各州县自行召集士人对十六条圣谕进行注释，要求既有针对性，针对各地民间的浇薄之风，又有吸引力，用当地老百姓喜闻乐见的语言形式，并在朔望讲解的过程中随时提高、精炼。在各州县注释的基础上，他又博采众长，亲自对《圣谕十六条》进行了进一步的注解。注释分为三册，第一册引经据典，阐述圣谕；第二册用民间方言俗语，做进一步申述，明白易晓；第三册以歌谣诗赋的形式进行阐释，朗朗上口，容易记忆。注解之后，他又命工匠刊刻印刷，分发各州县，以期有助于宣讲传播。一句话，张伯行为了《圣谕十六条》的宣讲推广，可谓煞费苦心。

奢侈浮华是道德修养的大敌，也是敦风厚俗的最大阻碍，张伯行极力倡导俭朴有度的社会风气，反对浮华奢靡。经过半个多世纪休养生息，到康熙末年，社会财富逐渐积累，奢靡之风又逐渐发展起来，尤其是在江

① 《圣祖仁皇帝实录》卷三十四，《清实录》第四册，北京：中华书局，2008，影印本，第3065页。

南一带。张伯行把个人的道德修养与风俗的整顿联系起来，以身作则，倡导节俭的生活。虽然出生于富厚家庭，但张伯行受家风和儒学影响，养成了节俭的生活习惯，从不奢侈，从不浪费。作为一省巡抚，他的简朴生活为一方绅民树立了一个典范。他还发布《严禁奢靡节浮费以厚民生》的告示，劝诫绅民“毋为不衷之服，毋极肥甘之美”，敦尚淳朴，量入为出，加意储蓄。

张伯行还大力整顿婚丧礼仪，反对奢靡风气。当时的风俗，婚礼嫁妆多由女方置办。出嫁之日，女方要把嫁妆在大街上展示，“排箱倒笥，照耀街市，铺纨披锦，辉煌里闾”，以此作为炫耀于街坊邻里的资本，如果嫁妆偏少，则会受到乡邻的嘲笑，嫁妆成了社会地位和财富的象征，所以人们不惜变卖田产去置办嫁妆。男方则要连续多日摆设筵席，彻夜饮酒，乡邻相互攀比，靡费极多。这是婚礼的奢靡。丧礼上的奢靡也有过之而无不及。摆席待客是民间丧礼的一大花费，丧礼本来是要表达失去亲人的哀恸之情，而现实风俗却是大摆筵席，饮酒吃肉。还有一个恶俗，殡葬当日，亲朋好友过去助葬，为了摆排场，都是坐轿而至，丧家宴席招待不说，还要支付轿夫费用。只此一项，一场丧礼下来动辄百十两银子的花销，丧家暗中叫苦，又无可奈何，无数的家庭因此而破产。最后逼得没有办法，一些人家以选择茔地为由，权厝不葬，而一旦迁延，则往往数年至数十年不葬，处处尸骸暴露。最后，又催生出一种伤风败俗的事情，就是烧棺，子孙后代把久停不葬的棺木尸骸放火烧掉，“甚至随到随焚，秽气冲天”。所有这一切婚丧嫁娶中的恶俗，多由攀比奢靡的风尚导致，因此，抵制婚丧礼仪上的奢靡风气成为移风易俗的关键。张伯行为此颁布了《饬禁婚嫁丧葬华奢示》的公文，历数奢靡之风的危害性，规定“嗣今嫁女，桌椅不过数张，被褥全具，衣服一箱，过此，定拿其父母，以违制论”[①]。婚嫁丧葬过制要受到相应的惩罚。张伯行希望通过行政手段，用官府的力量主导风俗的变革，以达到淳人心、厚风俗的目的。

① 张伯行：《正谊堂文集》卷五《饬禁婚嫁丧葬华奢示》，《丛书集成初编》，上海：商务印书馆，1936，第60页。

参考文献

[1]张伯行.正谊堂文集：四十卷 [M].清光绪二年刻本.

[2]张伯行.正谊堂文集[M]//丛书集成初编.上海：商务印书馆,1936.

[3]张伯行.正谊堂续集[M]//丛书集成初编.上海：商务印书馆，1936.

[4]张伯行.困学录集粹[M]//丛书集成初编.上海：商务印书馆，1936.

[5]张伯行.居济一得[M].清同治间刻本.福州正谊书局.

[6]张伯行.正谊堂全书[M].清同治九年刻本.福州正谊书局.

[7]张师栻,张师载.张清恪公年谱[M]//续修四库全书.上海：上海古籍出版社，2002.

[8]清圣祖实录[M].北京：中华书局，2008.

[9]清世宗实录[M].北京：中华书局，2008.

[10]赵尔巽.清史稿[M].北京：中华书局，1977.

[11]王钟翰，点校.清史列传[M].北京：中华书局，1987.

[12]李元度.国朝先正事略[M]//近代中国史料丛刊.台北：台湾文海出版有限公司，1967.

[13]康熙起居注[M].北京：中华书局，1984.

[14]康熙朝汉文朱批奏折汇编[M].北京：档案出版社，1984.

[15]朱熹.四书章句集注[M].北京：中华书局，2011.

[16]王国平，唐力行.明清以来苏州社会史碑刻集[M].苏州：苏州大学出版社，1998.

[17]钱仪吉.碑传集[M].靳斯，标点.北京:中华书局，1993.

[18]徐珂.清稗类钞[M].北京：中华书局，2010.

[19]张岂之.中国思想史[M].西安：西北大学出版社，1989.

[20]冯友兰.中国哲学史[M].上海：华东师范大学出版社，2011.

[21]梁启超.饮冰室合集[M].北京：中华书局，1989.

[22]龚书铎.清代理学史[M].广州：广东教育出版社，2007.

[23]陈来.中国近世思想史研究[M].北京：三联书店，2010.

[24]蒋兆成，王日根.康熙传[M].北京：人民出版社，1998.

[25]李锦全.海瑞评传[M].南京：南京大学出版社，1994.

[26]史景迁.中国纵横[M].成都：四川人民出版社，2019.

[27]周远廉.天下第一清官：清代廉臣张伯行[M].郑州：河南人民出版社，1999.

[28]张天周.张伯行略论[J].中州学刊,1983（6）

[29]王兴亚.清代前期名臣张伯行简论[J].商丘师专学报,1999（5）

[30]李春光.一代廉吏张伯行述评[J].辽宁大学学报（哲学社会科学版）,2004,32（2）.

[31]范金民，孔潮丽.噶礼张伯行互参案述论[J].历史档案,1996（4）.

[32]刘云波.督抚互参案与张伯行的悲剧[J].船山学刊,2003（4）.

[33]王卫平.张伯行书院教育实践及其理学思想的传播：以苏州紫阳书院为中心[J].学习与探索,2008（5）

[34]王珂.张伯行治河方略述论[J].许昌学院学报,2008（6）

[35]李晓虹.张伯行理学思想探析[J].郑州轻工业学院学报（社会科学版），2013,14（4）.

[36]高阳，孔定芳.清初理学儒臣张伯行经世事功探赜[J].安顺学院学报，2020,22（1）.

[37]潘志锋.王船山道统论与张伯行道统论之简要比较[J].高校理论战线,2003（9）.

[38]唐博.18世纪中国政治视野下的“张元隆案”[J].史林,2009（1）.

[39]龚小峰.清前期督抚关系管窥：以清官张伯行的仕宦生涯为个案[J].安徽史学，2005（4）.

[40]肖瑞峰.张伯行与《唐宋八大家文钞》[J].古典文学知识，1995（4）.

[41]方挺.《正谊堂丛书》的刊刻考辨[J].福建图书馆学刊，2018（3）.

[42]唐博.康熙末年政治研究：以“大海商风波”为中心[D].北京：中国人民大学，2005.

[43]韩秀锦.张伯行学行述略[D].石家庄：河北师范大学，2006.

[44]程分队.清初理学名臣张伯行研究[D].开封：河南大学，2010.

[45]陈萌.张伯行治苏略论[D].开封：苏州大学，2011.

[46]贺晟威.张伯行《小学集解》研究[D].上海：华东师范大学，2012.

[47]王俊桥.清代张鹏翮研究[D].长沙：湖南师范大学，2008.

[48]柯安顺.张伯行的理学传播思想与实践[D].长沙：湖南大学，2016.

[49]严晶晶.清前期满汉职官的政治参与：以噶礼、张伯行互参案为中心[D].武汉：华中师范大学，2017.